Lieber Blumenfreund

Wer an Wochenenden oder im Urlaub gerne durch Wiesen und Felder, im Wald oder in den Bergen wandert, begegnet von Frühling bis Herbst einer Fülle unterschiedlichster Blumen – auffallenden, die in leuchtenden Farben blühen und unscheinbaren mit zartfarbenen Blütenblättern. Um die einzelnen Arten an Ort und Stelle auch benennen und kennenlernen zu können, braucht man einen Blumenführer für unterwegs wie diesen – handlich und mit einem Kennfarben-Code, der ein schnelles Bestimmen der Blumen ohne botanische Vorkenntnisse möglich macht.

Der *GU Maxi-Kompaß Blumen* zeigt und beschreibt die häufigsten und schönsten Blütenpflanzen Mitteleuropas in über 200 stimmungsvollen Farbfotos, aufgenommen am natürlichen Standort. Präzise, leicht verständliche Beschreibungstexte informieren über alle wichtigen Erkennungsmerkmale wie Aussehen, Blütezeit, Standort und Verbreitung sowie ähnliche Arten.

Über der Freude an farbenprächtig blühenden Blumen sollten Sie nicht vergessen, daß viele Arten bereits selten geworden oder im Rückgang begriffen sind. Ein Großteil von ihnen steht unter Naturschutz. Deshalb: Bitte nicht pflücken! Denken Sie daran, daß sich auch andere Menschen an der Schönheit und Artenvielfalt unserer Blumen erfreuen möchten.

Mit dem *GU Maxi-Kompaß Blumen* haben Sie einen Blumenführer zur Hand, der für die Naturwanderung wie maßgeschneidert ist: Handliches Einsteckformat, ein Mini-Gewicht von nur 220 Gramm und der strapazierfähige Einband machen ihn zu einem echt benutzerfreundlichen Produkt.

Viel Freude beim Bestimmen und Kennenlernen unserer Blumen wünschen Autor und GU Naturbuch-Redaktion.

Der Autor: Dr. rer. nat. Wolfgang Lippert, Oberkonservator an der Botanischen Staatssammlung München, Vorsitzender der Bayerischen Botanischen Gesellschaft, ist Autor der GU Kompasse »Wiesenblumen«, »Alpenblumen«, »Waldblumen« und »Wasserpflanzen«.

Der GU Kennfarben-Code

Um Ihnen das Bestimmen zu erleichtern, sind die im *GU Maxi-Kompaß Blumen* vorgestellten Arten nach Blütenfarben geordnet. Farbige Kennstreifen an den Abbildungen signalisieren bereits von außen die Farbgruppen Blau, Gelb, Rot, Weiß und Grün und führen so rasch zum Auffinden gesuchter Blumenarten:

	Blauer Kennstreifen: In dieser Farbgruppe sind alle Blumen zu finden, die in den Farben Hellblau bis Dunkelblau und Blauviolett blühen.	Seiten 4–33
	Gelber Kennstreifen: In dieser Farbgruppe sind alle Blumen zu finden, die in den Farben Hellgelb bis Orange blühen.	Seiten 34–85
	Roter Kennstreifen: In dieser Farbgruppe sind alle Blumen zu finden, die in den Farben Rosa bis Dunkelrot, Purpur und Rotviolett blühen.	Seiten 86–151
	Weißer Kennstreifen: In dieser Farbgruppe sind alle Blumen zu finden, die in der Farbe Weiß oder cremefarben blühen.	Seiten 152–211
	Grüner Kennstreifen: In dieser Farbgruppe sind alle Blumen zu finden, die in grünlichen und bräunlichen Farbtönen oder sehr unscheinbar blühen.	Seiten 212–231

Hinweis: Das im *GU Maxi-Kompaß Blumen* verwendete umweltfreundliche Papier erfüllt die vom Umweltschutzverband gestellten Anforderungen: Das Papier ist biologisch abbaubar, es kann mehrfach wiederverwendet oder ohne schädliche Nebenwirkungen vernichtet werden.

Foto Umschlagvorderseite: Wiesen-Storchschnabel; Umschlagrückseite: Naturwiese mit Margeriten, Wiesen-Pippau, Wiesen-Glockenblumen und Kuckucks-Lichtnelken.

Blaue Blüten

Wissenschaftlicher Name:
Iris sibirica
Familie: Schwertlilien-
gewächse
Aussehen: Bis 1 m hohe, in
dichten Büschen oder
Rasen wachsende Pflanze.
Blätter grasartig, 2–5 cm
breit, die grundständigen
kürzer als der Stengel; die-
ser ist rund, mit 1–3 Blüten
in den Achseln von Hoch-
blättern. Blüten hell oder
dunkler blauviolett; äußere
Blütenblätter nach unten
gerichtet, ohne Bart, nach
innen zu heller mit dunkler
Aderung, innere Blütenblätter aufrecht, etwas dunkler
als die äußeren. Frucht eine
bis 5 cm lange Kapsel.
Blütezeit: V–VII
Standort: Streuwiesen,
Sumpfwiesen, Verlandungs-
gebiete.
Verbreitung: Europa bis
Japan; stellenweise sehr
selten oder fehlend.
Wichtig: Die Pflanze ist
geschützt!

Wissenschaftlicher Name:
Aquilegia atrata
Familie: Hahnenfuß-
gewächse
Aussehen: Bis 1 m hohe
Pflanze mit beblättertem,
drüsenlosem Stengel.
Grundblätter langgestielt,
doppelt 3teilig, mit unregelmäßig gekerbten bis stumpf
gelappten Blättchen; Stengelblätter ähnlich, aber kleiner, die oberen oft nur drei-
lappig. Blüten bis 5 cm breit,
nickend, schwarzviolett;
Honigblätter mit hakenförmig einwärts gebogenem
Sporn. Staubblätter gelb,
meist weit aus der Blüte
ragend.
Blütezeit: V–VIII
Standort: Bergwiesen,
Hochstaudenfluren, Lat-
schen- und Grünerlengebü-
sche, lichte Bergwälder.
Verbreitung: Alpen, Voralpen, Mittelgebirge.
Ähnliche Art: Gemeine Ake-
lei *(A. vulgaris)*, Blüten blau,
Staubblätter kürzer.

Wissenschaftlicher Name:
Clematis alpina
Familie: Hahnenfuß-
gewächse
Aussehen: Schlingstrauch
mit bis 2 m langen, kletternden, verholzenden Trieben.
Blätter gegenständig, langgestielt, doppelt 3zählig.
Blüten einzeln in den Blattachseln, langgestielt, nik-
kend, mit meist 4 abstehenden, bis 5 cm langen, violetten bis hellblauen Blütenblättern. Honigblätter halb
so lang wie die Blütenblätter, gelblichweiß. Staub-
fäden zahlreich, dicht behaart. Früchte klein, be-
haart, mit bis 3 cm langem,
abstehend behaartem
Griffel.
Blütezeit: V–VIII
Standort: Felsen, Gebüsche, lichte Wälder; meist
auf Kalk, selten auf Silikat.
Verbreitung: Von den Pyrenäen durch die Alpen und
osteuropäischen Gebirge
bis Nordasien und Nord-
amerika; mit den Alpenflüs-
sen bis ins Vorland.

Blauer Eisenhut

Wissenschaftlicher Name:
Aconitum napellus
Familie: Hahnenfuß-
gewächse
Aussehen: Ausdauernde, bis
1,5 m hohe Pflanze mit einer
knollig verdickten Wurzel
und einem kräftigen, meist
unverzweigten Stengel.
Blätter über die ganze Sten-
gellänge verteilt, gestielt,
bis zum Grund handförmig,
5- bis 7teilig; Blattabschnitte
tief in linealische Zipfel zerteilt, der Mittelabschnitt
häufig stielartig verschmälert. Blütenstand traubig
oder rispig verzweigt, wo-
bei die Endtraube deutlich
länger ist als die Seitentrau-
ben. Blüten gestielt, tiefblau.
5 Blütenblätter, ungleich,
das oberste als »Helm«
ausgebildet.
Blütezeit: VI–VIII
Standort: Gebirgswälder,
Hochstaudenfluren, Bach-
ufer.
Verbreitung: Mitteleuro-
päische Gebirge.
Wichtig: Die Pflanze ist
giftig!

Wissenschaftlicher Name:
Pulsatilla vulgaris
Familie: Hahnenfuß-
gewächse
Aussehen: Zur Blütezeit bis
15 cm, fruchtend bis 40 cm
hohe Pflanze. Grundblätter
nach der Blüte erscheinend,
eiförmig, mehrfach gefie-
dert mit fiederteiligen Abschnitten. Stengel aufrecht,
weißzottig behaart, einblütig mit einem Quirl stark
zerteilter Blätter. Blütenblätter bis 5 cm lang, zuerst
glockig, später ausgebreitet, violett, außen zottig behaart; Staubblätter zahl-
reich; Früchte mit bis
5 cm langem, behaartem
Griffel.
Blütezeit: III–V
Standort: Trockene Rasen;
meist auf Kalk.
Verbreitung: Von England
und Frankreich bis Schwe-
den und in die Ukraine; in
Deutschland bis Südbayern.

Wissenschaftlicher Name:
Hepatica nobilis
Familie: Hahnenfuß-
gewächse
Aussehon: Bis 15 cm hohe
Pflanze. Grundblätter zahlreich, oft winterhart, an langen, kraus behaarten Stielen, oberseits grün, kahl,
unterseits braunrot bis violett, 3teilig mit breiten, eiförmigen Abschnitten. Blüten
einzeln auf langen, behaarten Stengeln; dicht unter
jeder Blüte, einem Kelch
ähnlich, 3 ganzrandige
Hochblätter; Blüten 2–3 cm
breit, mit 5–10 Blütenblättern, blau oder rosa, selten
weiß; zahlreiche Staubblätter. Früchtchen behaart.
Blutezeit: III–IV
Standort: Laubwälder,
Gebüsche; meist auf kalk-
haltigen Böden in warmen
Lagen.
Verbreitung: *Große Gebiete
Europas, in Gebieten mit
kalkfreien Böden selten
oder fehlend.*

Zaun-Wicke

Wissenschaftlicher Name:
Vicia sepium
Familie: Schmetterlingsblütler
Aussehen: Bis 50 cm hohe, fast kahle Pflanze. Stengel kantig, aufrecht oder kletternd, meist verzweigt. Blätter einfach gefiedert, mit 8–14 Teilblättchen, die untersten ohne, alle anderen mit schwach verzweigten Ranken; Blättchen bis 3 cm lang, breitelliptisch, am Rand und unterseits behaart.

Blüten etwas nickend, rotviolett bis schmutzigblau, in sehr kurzen, bis 6blütigen, blattachselständigen Trauben; Krone bis 15 mm lang, Kelch asymmetrisch, die unteren Zähne länger als die oberen. Früchte bis 4 cm lang und bis 1 cm breit, flach, schwarz glänzend.
Blütezeit: V–VII
Standort: Mähwiesen, auch Gebüsche, Wälder.
Verbreitung: Fast ganz Europa; West- und Mittelasien.

Wissenschaftlicher Name:
Geranium pratense
Familie: Storchschnabel-
gewächse
Aussehen: Bis 1 m hohe
Pflanze mit borstenhaari-
gem, gabelig verzweigtem
Stengel. Grundblätter und
unterste Stengelblätter
langgestielt fünfteilig, rauhhaarig; Blattlappen tief fiederspaltig, gezähnt. Stengelblätter gegenständig,
klein. Blüten paarweise in
den Achseln von 4 schma-
len Tragblättern; Blütenblät-

ter bis 2 cm lang, violettblau
mit dunkleren Adern, aus-
gebreitet; Staubfäden am
Grund deutlich und plötzlich
breiter; Frucht bis 3 cm lang,
drüsenhaarig, bei der Reife
in 5 einsamige Teilfrüchte
zerfallend.
Blütezeit: VI–VIII
Standort: Feuchte Mähwiesen, auch Bachufer,
Auwälder.
Verbreitung: Von den Pyrenäen bis Japan; in Mitteleuropa stellenweise selten
oder fehlend.

Hain-Veilchen

Wissenschaftlicher Name:
Viola riviniana
Familie: Veilchengewächse
Aussehen: Bis 15 cm hohe, fast kahle Pflanze mit grundständiger Blattrosette und beblätterten, blühenden Stengeln. Blätter herzförmig, zugespitzt, bis 4 cm lang, zerstreut behaart; Nebenblätter der Stengelblätter bis 1 cm lang, breitlanzettlich, kurz gewimpert. Blüten 1,4–2,5 cm hoch, kaum höher als breit, hell violettblau; Kelchblätter spitz, Kelchblattanhängsel 2–3 mm lang; Sporn kräftig, weißlich, aufwärts gebogen, unterseits gefurcht. Frucht eine 3klappig aufspringende Kapsel.
Blütezeit: IV–VI
Standort: Wälder, Gebüsche.
Verbreitung: Fast ganze Europa.
Ähnliche Art: Hunds-Veilchen *(V. canina),* Stengel niederliegend oder aufsteigend ohne grundständige Blätter.

Wissenschaftlicher Name:
Polygala amarella
Familie: Kreuzblumen-
gewächse
Aussehen: Ausdauernde,
5–15 cm hohe Pflanze, fast
kahl. Blätter wechselständig, dort meist rosettenartig
gedrängt, wo die Stengel
beginnen aufzusteigen,
schmal verkehrteiförmig,
am Grund stielartig ver-
schmälert; die oberen Stengelblätter kürzer und
schmäler als die unteren
Blätter. Blütenstand traubig,
endständig, 10- bis 40blü-
tig. Blüten blau oder weiß.
Kelchblätter sehr ungleich,
die beiden seitlichen kronblattartig, elliptisch,
2–4 mm lang, die übrigen
3 klein. Frucht eine abge-
flachte, 2samige Kapsel.
Blütezeit: V–VII
Standort: Wiesen, Quellfluren, feuchte, lichte Wälder.
Verbreitung: Nord- und Mitteleuropa mit Ausstrahlun-
gen in das Mittelmeer-
gebiet.

Schwalbenwurz-Enzian

Wissenschaftlicher Name:
Gentiana asclepiadea
Familie: Enziangewächse
Aussehen: Bis 1 m hohe
Pflanze ohne nichtblühende
Blattrosetten. Blätter lanzettlich bis eiförmig, zugespitzt,
sitzend, mit meist 5 kräftigen
Längsnerven. Blüten einzeln
oder zu mehreren in den
Blattachseln; Krone bis 5 cm
lang, schmal glockenför-
mig, blau, innen meist mit
violetten Punkten, 5flappig
mit kurzen Zipfeln, zwischen
denen je ein stumpfes,
zahnförmiges Anhängsel
sitzt; Kelch mit 5 kurzen,
schmallanzettlichen Kelchzipfeln.
Blütezeit: VIII–X
Standort: Flachmoore,
feuchte Wiesen, Hochstau-
denfluren, Grünerlengebü-
sche; vorzugsweise auf
Kalk.
Verbreitung: Süd- und mit-
teleuropäische Gebirge,
Kaukasus; weit ins Vorland
reichend.

Gefranster Enzian

Wissenschaftlicher Name:
Gentiana ciliata
Familie: Enziangewächse
Aussehen: Bis 30 cm hohe, kahle Pflanze mit aufrechtem, gelegentlich spärlich verzweigtem Stengel. Stengel aufsteigend, am Grund gebogen, wenigblättrig. Grundblätter spatelförmig, stumpf, Stengelblätter lanzettlich, spitz. Blüten 4zählig, bis 5 cm lang, mit blauer, bis zur Mitte gespaltener, im Schlund bärtiger Krone; Kronblätter eiförmig, am Rand lang gefranst. Kelch bis halb so lang wie die Kronröhre, mit schmalen Kelchblättern. Frucht eine Kapsel.
Blütezeit: VIII–XI
Standort: Trockene Rasen, Waldränder, lichte Gebüsche, auf Kalk, bis über 2000 m.
Verbreitung: Mittel- und Südeuropa; Kaukasus, Kleinasien.

Wissenschaftlicher Name:
Gentiana clusii
Familie: Enziangewächse
Aussehen: Bis 10 cm hohe
Pflanze mit unverzweigtem,
zur Blütezeit sehr kurzem
Stengel. Grundblätter lanzettlich, spitz, 3–5 mm lang,
3- bis 5mal so lang wie
breit. Stengelblätter viel
kleiner. Krone blau, innen
ohne grüne Flecken, Kelchzipfel aufrecht, in den Buchten dazwischen ohne Ver-
bindungshaut.
Blütezeit: V–VIII

Standort: Felsspalten,
offene Rasengesellschaften,
Almweiden; nur auf Kalk.
Verbreitung: In den Außen-
ketten der Alpen und im
Alpenvorland, sonst selten.
Ähnliche Art: <u>Breitblättriger
Enzian</u> *(G. acaulis)*, Grundblätter breit, stumpf, Krone
innen grün gefleckt, Kelch-
buchten mit Verbindungs-
haut; von den Pyrenäen bis
zur Balkanhalbinsel; meist
auf Silikat oder Rohhumus.

Kleines Immergrün

Wissenschaftlicher Name:
Vinca minor
Familie: Hundsgift-
gewächse
Aussehen: Bis 20 cm hohe,
kahle Pflanze. Nichtblü-
hende Triebe niederliegend,
an den Knoten meist Wur-
zeln treibend; blühende
Triebe aufrecht. Blätter
kreuzgegenständig, lanzettlich, sitzend, ledrig, immergrün, in der Mitte am breitesten. Blüten gestielt, 5zählig,
einzeln in den Blattachseln;
Kelch klein, Kelchzipfel kahl;
Krone 2–3 cm breit, hell-
blau, mit kurzer, etwa 1 cm
langer Röhre und breiten,
flach ausgebreiteten
Zipfeln.
Blütezeit: IV–V
Standort: Laubwälder,
Gebüsche; auf kalkhalti-
gen, nährstoffreichen
Böden.
Verbreitung: Fast ganz
Europa, im Norden selte-
ner; Kaukasus, Kleinasien.

Wissenschaftlicher Name:
Myosotis alpestris
Familie: Rauhblattgewächse
Aussehen: Bis 30 cm hohe Pflanze; Stengel zumindest unten rauhhaarig; Stengelblätter sitzend, eiförmig bis linealisch. Blüten ohne Tragblätter; Kelch zur Fruchtzeit bis 7 mm lang, in den Stiel verschmälert, nicht abfallend, bis über die Hälfte zerteilt, ohne oder mit hakenförmig gebogenen Borsten (Hakenhaare), aber stets dicht behaart; Kronsaum flach ausgebreitet, bis 9 mm breit. Teilfrüchte stumpf, bis 2,5 mm lang, gegen die Spitze hin mit verbreitertem, abgesetztem, glattem Rand, schwarz glänzend.
Blütezeit: V–IX
Standort: Ruhender Felsschutt, lückige Rasen; über 1500 m.
Verbreitung: In den Alpen häufig; Gebirge Europas.
Ähnliche Art: Wald-Vergißmeinnicht *(M. sylvatica)*, Teilfrüchte spitz, Kelch am Grund abgerundet.

Echtes Lungenkraut

Wissenschaftlicher Name:
Pulmonaria officinalis
Familie: Rauhblattgewächse
Aussehen: Bis 35 cm hohe, rauh behaarte Pflanze, an Stengel, Blütenstielen und Kelch auch mit kurzen Drüsenhaaren. Grundblätter eiförmig, bis 15 cm lang, abrupt in den Stiel verschmälert, oberseits mit scharf abgegrenzten weißen Flecken; Stengelblätter elliptisch, sitzend, gefleckt wie die Grundblätter. Blüten kurzgestielt; Kelch glockenförmig; Krone oben trichterförmig mit 5 runden Zipfeln, zuerst rot, dann blauviolett.
Blütezeit: III–V
Standort: Laubmischwälder, Gebüsche
Verbreitung: Große Gebiete Europas.
Ähnliche Art: Dunkles Lungenkraut *(P. obscura)*, Grundblätter ganz grün oder mit verwaschenen, hellgrünen Flecken.

Wissenschaftlicher Name:
Salvia pratensis
Familie: Lippenblütler
Aussehen: Bis 1 m hohe, kurzhaarige und drüsige Pflanze. Stengel vierkantig. Grundblätter in Rosetten, länglich, langgestielt, unregelmäßig gekerbt oder gezähnt; wenige Stengelblätter, nach oben rasch kleiner, sitzend. Blütenstand locker; Blüten in entfernten, armblütigen Scheinquirlen; Krone bis 3 cm, blauviolett, sichelförmig gebogen.

Blütezeit: V–VIII
Standort: Trockene Rasen, Mähwiesen, Wegränder.
Verbreitung: Süd- und Mitteleuropa, bis Norddeutschland und England.
Ähnliche Art: Hain-Salbei *(S. nemorosa)*, Grundblätter zur Blütezeit vertrocknet; zahlreiche, gleichmäßig gezähnte Stengelblätter; in Europa sehr zerstreut. Quirl-Salbei *(S. verticillata)*, Krone fast gerade; vor allem an Ödplätzen und Wegrändern.

Wissenschaftlicher Name:
Prunella vulgaris
Familie: Lippenblütler
Aussehen: Bis 40 cm hohe, spärlich behaarte Pflanze mit oberirdischen Ausläufern. Blätter länglich-eiförmig, Stengel bis oben beblättert. Blüten bis 15 mm lang, blauviolett, am Ende des Stengels dicht gedrängt, bis 18 mm lang.
Blütezeit: VI–VIII
Standort: Wiesen, Weiden, Parkrasen, auch in lichten Wäldern.

Verbreitung: Ganz Europa.
Ähnliche Art: Große Braunelle *(P. grandiflora)*, bis 40 cm hoch, ohne Ausläufer, Blätter gestielt, eiförmig, Grundblätter in Rosetten, Stengel nur in der unteren Hälfte beblättert. Blüten blauviolett, 2,5 bis 3 cm lang, in Scheinquirlen in den Achseln von Tragblättern, am Stengelende dicht gedrängt; auf trockenen Rasen; fast ganz Europa (nördlich bis Südschweden).

Wissenschaftlicher Name:
Glechoma hederacea
Familie: Lippenblütler
Aussehen: Ausdauerndes, etwas unangenehm aromatisch riechendes Kraut mit langkriechenden und an den Knoten wurzelnden Stengeln. Blühende Triebe aufrecht, bis 20 cm hoch, 4kantig, fast kahl bis dichtbehaart. Blätter gegenständig, gestielt, rundlich, am Rand grobgekerbt, fast kahl bis ziemlich dichtbehaart. Blüten kurzgestielt, paarweise oder zu 3 in den Achseln der oberen Blätter. Kelch 4–7 mm lang, 5zähnig und schwach 2lippig, kurzbehaart. Krone 1–2 cm lang, blauviolett, mit fast flacher, gerader Oberlippe und 3teiliger Unterlippe.
Blütezeit: IV–IX
Standort: Feuchte Laubwälder, Gebüsche, Waldränder, schattige Wiesen.
Verbreitung: Europa (ohne die Arktis und die mediterranen Gebiete); Kaukasus, Sibirien.

Wissenschaftlicher Name:
Veronica chamaedrys
Familie: Braunwurz-
gewächse
Aussehen: Bis 40 cm hohe,
oft rasig wachsende
Pflanze. Stengel zweireihig
behaart, mit einem Blatt-
schopf endend. Blätter kurzgestielt oder sitzend, bis
4 cm lang, eiförmig, grob
gekerbt-gesägt, zerstreut
behaart. Blüten gestielt, in
lockeren, reichblütigen
Trauben in den Achseln der
oberen Stengelblätter;

Kelch 4teilig, wie die Blüten-
stiele behaart und drüsig.
Krone ausgebreitet, 4lappig,
bis 15 mm breit, leuchtend
blau mit dunkleren Adern.
Frucht dreieckig, vorne aus-
gerandet, mit langem Griffel.
Blütezeit: V–VIII
Standort: Wiesen, auch
Gebüsche, Waldränder.
Verbreitung: Fast ganz
Europa; Kaukasus und
Sibirien.

Wissenschaftlicher Name:
Veronica filiformis
Familie: Braunwurzgewächse
Aussehen: Niederliegende, rasig wachsende, behaarte Pflanze. Stengel bis 50 cm, an den Knoten wurzelnd. Blätter gestielt, rundlich, flach gesägt, an nicht blühenden Stengeln gegenständig, an blühenden wechselständig. Blüten einzeln in den Blattachseln, mit langen Stielen; Krone ausgebreitet, bis 15 mm breit, 3 Kronblätter, blaßblau mit dunkleren Streifen, 1 Kronblatt meist weiß.
Blütezeit: V–X
Standort: Mähwiesen, Viehweiden, Parkrasen.
Verbreitung: Beheimatet im Kaukasus und in Nordanatolien; um die Jahrhundertwende als Zierpflanze eingeführt und weithin eingebürgert.
Hinweis: Alle *Veronica*-Arten sind durch eine vierteilige Krone und nur 2 Staubblätter gekennzeichnet.

Herzblättrige Kugelblume

Wissenschaftlicher Name:
Globularia cordifolia
Familie: Kugelblumen-
gewächse
Aussehen: Bis 10 cm hoher,
niederliegender, rasenbildender, stark verzweigter,
immergrüner Spalierstrauch
mit bis 30 cm langen Zweigen. Blühender Stengel aufrecht, blattlos. Grundblätter
bis 3 cm lang, langgestielt,
verkehrteiförmig, vorne
stumpf und ausgerandet,
dunkelgrün, lederartig derb.
Blüten klein, hell-lilablau, in
Köpfen auf einem mit wenigen kleinen Blättchen ver-
sehenen Schaft.
Blütezeit: V–IX
Standort: Felsspalten, Felsschutt, Pionierrasen, nur
auf Kalk.
Verbreitung: Gebirge Mittel-
und Südeuropas, von Nord-
spanien bis Bulgarien; Zentralmassiv, Französischer
und Schweizer Jura.
Ähnliche Art: Gewöhnliche
Kugelblume *(G. elongata)*,
blühender Stengel mit zahlreichen Blättern.

Wissenschaftlicher Name:
Campanula rotundifolia
Familie: Glockenblumen-
gewächse
Aussehen: Bis 50 cm hohe
Pflanze. Grundblätter rund-
lich nierenförmig, gestielt,
zur Blütezeit meist vertrock-
net; Stengelblätter linea-
lisch. Stengel im unteren Teil
fein kurzflaumig behaart.
Blütenknospen aufrecht;
Blütenkrone glockig.
Blütezeit: VI–IX
Standort: Wiesen, Trocken-
rasen, Felsen.

Verbreitung: Fast ganz
Europa, fehlt im mediterranen Süden.
Ähnliche Arten: Kleine Glok-
kenblume *(C. cochleariifo-
lia)*, bis 15 cm hoch, breitere, gezähnte Blätter und
nickende Blütenknospen;
in den Voralpen. Lanzett-
blättrige Glockenblume
(C. baumgartenii), bis 1 m
hoch, zottig behaarter Stengel und breitere Blätter; im
Taunus und in der Pfalz.

Wissenschaftlicher Name:
Campanula patula
Familie: Glockenblumen-
gewächse
Aussehen: Bis 70 cm hohe,
zweijährige Pflanze. Stengel
aufrecht, oben meist ver-
zweigt, Blätter stumpf gezähnt, die Grundblätter verkehrteiförmig, in den Stiel
verschmälert, die Stengelblätter schmallanzettlich, sitzend. Blüten in einer lockeren Doldentraube, aufrecht,
langgestielt, in den Achseln
kleiner Tragblätter; Krone
weit trichterförmig, bis 3 cm
lang, blauviolett, bis zur
Mitte gespalten. Kelchzipfel
lang und schmal.
Blütezeit: V–VII
Standort: Mähwiesen, auch
Wegränder, Gebüsche.
Verbreitung: Ganz Europa,
im Nordwesten und Süden
nur stellenweise.
Ähnliche Art: Rapunzel-
glockenblume *(C. rapun-
culus)*, aufrechte, weniger
tief zerteilte Blütenkrone;
an den gleichen Stand-
orten.

Nesselblättrige Glockenblume

Wissenschaftlicher Name:
Campanula trachelium
Familie: Glockenblumen-
gewächse
Aussehen: Bis 1 m hohe,
steif behaarte Pflanze mit
aufrechtem, kantigem Stengel. Untere Blätter herzförmig, langgestielt, grob gezähnt; Stengelblätter lanzettlich, sitzend. Blüten kurzgestielt, blau, selten weiß, in
den Achseln von Blättern;
untere Tragblätter länger
als die Blüten; Krone
schmal glockenförmig,
3–4 cm lang, Kronlappen
am Rand lang behaart;
Kelchblätter breitlanzettlich,
steifhaarig, Buchten zwi-
schen den Kelchzipfeln
spitz; Fruchtknoten steifhaarig.
Blütezeit: VII–IX
Standort: Lichte Laubwälder, Gebüsche, Hoch-
staudenfluren.
Verbreitung: Europa; Nordafrika, Kleinasien,
Kaukasus.

Wissenschaftlicher Name:
Aster alpinus
Familie: Korbblütler
Aussehen: 5–20 cm hohe
Pflanze mit behaartem, ein-
köpfigem Stengel. Blätter
ganzrandig, 3nervig, flaumig behaart, länglich, die
grundständigen gestielt, die
Stengelblätter sitzend. Blütenköpfe groß, mit mehrrei-
higer Hülle, die äußeren
Zungenblüten blau- bis
rosaviolett, die inneren
(scheibenständigen) Röh-
renblüten goldgelb.

Blütezeit: VII–IX
Standort: Offene Rasen-
gesellschaften; trockene,
kalkreiche Böden.
Verbreitung: In mehreren
Rassen von den Pyrenäen
bis Asien und Nordamerika.
Hinweis: Kennzeichen der
Korbblütler sind die zahlrei-
chen in Köpfchen (Schein-
blüten) zusammengefaßten,
oft verschiedengestaltigen
Blüten und das Fehlen von
Milchsaft.

Kornblume

Wissenschaftlicher Name:
Centaurea cyanus
Familie: Korbblütler
Aussehen: Ein- bis zweijährige Pflanze mit bis 80 cm hohem, kantigem, weißfilzigbehaartem, im oberen Teil verzweigtem Stengel. Blätter meist schmallanzettlich, die unteren gestielt, gelegentlich fiederteilig, zur Blütezeit meist schon vertrocknet, die oberen sitzend, ungeteilt. Körbchen einzeln an den Enden der Zweige. Hülle eiförmig. Hüllblätter grün mit schwarzem, dreieckigem, unregelmäßig gefranstem Anhängsel. Kronen blau, 5zipfelig, die randständigen vergrößert und strahlend. Früchte 3,5 mm lang, mit einem aus 2–3 mm langen, rostbraunen Borsten bestehenden Pappus.
Blütezeit: VI–X
Standort: Getreidefelder, Ödplätze.
Verbreitung: Europa; infolge von Saatreinigung und Unkrautbekämpfung immer seltener.

Wissenschaftlicher Name:
Cichorium intybus
Familie: Korbblütler
Aussehen: Ausdauernde, sparrig verzweigte Pflanze mit Milchsaft. Stengel bis 1,2 m hoch, kantig, kahl oder rauhhaarig. Grundblätter lanzettlich, meist fiederteilig, unterseits zerstreut rauhhaarig. Stengelblätter klein. Blütenkörbchen einzeln in den Achseln von Hochblättern, 3–5 cm breit, kurzgestielt oder sitzend. Hülle walzenförmig; Hüllblätter in 2 Reihen, äußere kurz, abstehend, innere aufrecht. Kronen alle zungenförmig, hellblau, nur am Vormittag geöffnet. Früchte hellbraun, 2–2,5 mm lang mit sehr kurzem Pappus.
Blütezeit: VII–X
Standort: An Weg- und Ackerrändern, auf Ödland und Weiden.
Verbreitung: Fast ganz Europa; Vorder- und Mittelasien, Nordwestafrika; in vielen anderen Teilen der Erde eingeschleppt.

Gelbe Blüten

Wissenschaftlicher Name:
Gagea lutea
Familie: Liliengewächse
Aussehen: Bis 30 cm hohe Pflanze mit 1- bis 6blütigem Stengel. 1 Grundblatt, 5 bis 15 mm breit, flach, kurz zugespitzt; unterstes Stengelblatt überragt den doldenartigen, lockeren Blütenstand nicht. Blütenstiele kahl; Blüten gelb, mit 6 ausgebreiteten, stumpfen, außen kahlen, bis 2 cm langen Blütenblättern; 6 Staubblätter; Fruchtknoten oberständig. Frucht eine 3fächrige Kapsel.
Blütezeit: IV–V
Standort: Laubwälder, Obstgärten, Gebüsche; auf feuchten, stickstoffhaltigen Böden.
Verbreitung: Fast ganz Europa; bis zum Himalaja und Japan, Kaukasus.
Ähnliche Art: Wiesen-Goldstern *(G. pratensis),* Grundblatt 2–6 mm breit, unterstes Stengelblatt länger als der Blütenstand; Wiesen, Äcker, Weinberge.

Wissenschaftlicher Name:
Narcissus pseudonarcissus
Familie: Amaryllisgewächse
Aussehen: Bis 40 cm hohe, kahle Pflanze. Blätter alle grundständig, grasartig. Blüten duftend, einzeln auf einem Schaft mit häutigem Hochblatt. 6 Perigonblätter, im unteren Teil zu einer Röhre verwachsen, ihre freien Teile ausgebreitet und hellgelb gefärbt; lange Nebenkrone mit gewelltem Rand (»Trompete«). Blüten 5–10 cm breit; 6 Staubblät-ter; Fruchtknoten unterstän-dig; 1 Griffel mit 3 Narben. Frucht eine 3fächrige Kapsel.
Blütezeit: III–IV
Standort: Wiesen, Zwerg-strauchbestände; auf sau-ren (kalkarmen) Böden.
Verbreitung: Von Spanien bis England und bis zu den Vogesen, ins Bodensee-gebiet und bis ins Gebiet von Venedig; oft ange-pflanzt und verwildert.

Wissenschaftlicher Name:
Iris pseudocorus
Familie: Schwertlilien-
gewächse
Aussehen: Bis über 1 m
hohe, kahle Pflanze. Blätter
2zeilig angeordnet,
schwertförmig, bis 3 cm
breit, kürzer als der Stengel.
Stengel rund, mit mehreren,
jeweils von einem Hochblatt
umschlossenen Blüten. Blüten gelb; die 3 äußeren
Perigonblätter 5–10 cm
lang, ohne abstehende
Haare, die 3 inneren nicht
länger als die Narben;
3 Staubblätter; Fruchtknoten
unterständig (Unterschied
zu den Liliengewächsen);
1 Griffel mit 3 kronblattähn-
lichen, 2lippigen Narben.
Frucht eine 3fächrige Kapsel.
Blütezeit: VI–IX
Standort: Ufer, Gräben,
Röhricht; auf nährstoff-
reichen, schlammigen,
dauernd oder zeitweise
überfluteten Böden.
Verbreitung: Fast ganz
Europa; Asien, Nordwest-
afrika.

Wissenschaftlicher Name:
Cypripedium calceolus
Familie: Orchideengewächse
Aussehen: Bis 70 cm hohe, oft mehrstengelige Pflanze. Stengel kurz behaart mit 3–5 breitelliptischen, stengelumfassenden, gefalteten Blättern. Blüten einzeln oder bis zu 5; 2 äußere und 2 innere, etwas gedrehte Perigonblätter, rotbraun, bis 5 cm lang; Lippe (»Schuh«) 3–4 cm lang, vorn abgerundet, bauchig aufgeblasen, gelb, innen mit rötlichen Punkten und Streifen.
Blütezeit: V–VII
Standort: Lichte Wälder, Gebüsche; auf kalkreichen, lockeren Böden.
Verbreitung: Mittel- und Nordeuropa, von Lappland bis Norditalien, von den Pyrenäen bis Nordostasien weit verbreitet, aber sehr zerstreut und gebietsweise äußerst selten.

Wissenschaftlicher Name:
Nuphar luteum
Familie: Seerosengewächse
Aussehen: Wasserpflanze mit
breit eiförmigen, bis 30 cm
langen, ganzrandigen
Schwimmblättern mit welli-
gem Rand; Blattstiel je nach
Wassertiefe bis 2 m lang.
Blattnerven bis zum Rand hin
3mal gabelig verzweigt,
ohne Querverbindungen.
Blüten 3–5 cm breit, äußere
Perigonblätter meist 5, rundlich, innen gelb oder orange,
außen oft grün; Honigblätter
bis halb so lang wie die Perigonblätter, gelb, bis über 20;
Staubblätter sehr zahlreich;
Fruchtknoten oberständig,
mit schildförmiger Narben-
scheibe; Frucht birnenförmig,
2–4 cm lang.
Blütezeit: VI–VIII
Standort: Bis 3 m tiefe, nährstoffreiche, stehende oder
langsam fließende Gewäs-
ser mit schlammigem Grund.
Verbreitung: Europa; ostwärts bis zum Baikalsee,
südwärts bis Nordafrika;
Kleinasien und Kaukasus.

Wissenschaftlicher Name:
Caltha palustris
Familie: Hahnenfuß-
gewächse
Aussehen: Bis 50 cm hohe,
kahle Pflanze. Stengel niederliegend bis bogig aufsteigend oder aufrecht, hohl, im
oberen Teil verzweigt.
Grundblätter langgestielt, bis
15 cm breit, breitherzförmig,
vorne stumpf, am Rand ge-
kerbt oder gezähnt, fettig
glänzend; Stengelblätter
ähnlich, nach oben kleiner,
kürzergestielt bis sitzend. Blüten einzeln an den Enden der
Seitenäste bis 5 cm breit mit
5 breitovalen, dottergelben,
glänzenden Blütenblättern.
Staubblätter zahlreich.
Früchte bis 2,5 cm lang,
sternförmig ausgebreitet,
länglich, mit schnabelarti-
gem Griffel.
Blütezeit: III–IV
Standort: Bachufer, nasse
Wiesen, Auwälder.
Verbreitung: Ganz Europa;
nördliches Asien, Amerika.

Wissenschaftlicher Name:
Trollius europaeus
Familie: Hahnenfußgewächse
Aussehen: Bis 70 cm hohe Pflanze mit kahlen, meist unverzweigten Stengeln. Grundblätter gestielt, handförmig geteilt, mit 5 gesägten bis fiederschnittigen Abschnitten, oberseits dunkelgrün, unterseits heller; Stengelblätter sitzend, 3zählig. Blüten hell- bis goldgelb, bis 3 cm breit, mit 15 kugelig zusammenneigenden Blütenblättern; zahlreiche Nektar- und Staubblätter; Früchte bis 15 mm lang, geschnäbelt.
Blütezeit: IV–VII
Standort: Feuchte Wiesen, Gebüsche, Hochstaudenfluren.
Verbreitung: Fast ganz Europa (im Süden nur in den Gebirgen, fehlt im nordwestdeutschen Flachland); Asien, Nordamerika.
Wichtig: Pflanze ist giftig!

Wissenschaftlicher Name:
Ranunculus ficaria
Familie: Hahnenfußgewächse
Aussehen: Bis 30 cm hohe,
kahle Pflanze mit niederliegend-aufsteigendem, an
den Knoten oft wurzelndem
Stengel. Wurzeln keulenförmig. Blätter herzförmig, wenig gezähnt bis ganzrandig,
fleischig, glänzend, langgestielt; Stengelblätter in den
Achseln oft mit Brutknospen. Blüten 2–3 cm breit,
gelb; mit 3–7 Kelchblättern
und 8–12 länglichen Kronblättern. Früchtchen kugelig, zerstreut behaart,
2–2,5 mm lang, mit
geradem Schnabel.
Blütezeit: III–V
Standort: Laubwälder,
Gebüsche, feuchte
Wiesen.
Verbreitung: Europa mit
Ausnahme der Arktis;
Nordafrika, Asien, Kaukasus.

Scharfer Hahnenfuß

Wissenschaftlicher Name: *Ranunculus acris*
Familie: Hahnenfußgewächse
Aussehen: Bis 1 m hohe, ausdauernde Pflanze mit schwach anliegend behaartem bis kahlem, oft stark verzweigtem Stengel. Grundblätter langgestielt, 5- bis 7teilig mit 3spaltigen, gezähnten oder nochmals tief zerteilten Abschnitten, deren Zipfel sich überdecken; untere Stengelblätter ähnlich, aber weniger zerteilt, kürzergestielt, obere mit wenigen lanzettlichen Abschnitten; Blütenstiele ohne Furchen. Blüten bis 3 cm breit, glänzend gelb, Kelchblätter aufrecht, den Kronblättern anliegend; Früchte bis 3 mm lang, rund, flach, mit deutlichem Rand, mit kurzem, kaum gebogenem Schnabel.
Blütezeit: V–IX
Standort: Wiesen.
Verbreitung: Ganz Europa; Asien, Nordafrika, Nordamerika, Grönland.

Schöllkraut

Wissenschaftlicher Name:
Chelidonium majus
Familie: Mohngewächse
Aussehen: Bis 1 m hohe
Pflanze mit orangegelbem
Milchsaft. Stengel aufrecht,
verzweigt, zerstreut borstig
behaart. Blätter oberseits
grün, unterseits blaugrün,
fiederteilig bis gefiedert, die
unteren gestielt, die obersten sitzend. Blüten gelb,
2–3 cm breit; 2 Kelchblätter,
zur Blütezeit abgefallen;
4 gleich gestaltete, eiförmige Kronblätter; zahlreiche
Staubblätter, Staubfäden
nach vorne zu keulenförmig
verdickt, unterhalb der
Staubbeutel in einen kurzen
Stiel verschmälert; Fruchtknoten oberständig. Frucht
eine 2–5 cm lange Schote.
Blütezeit: V–X
Standort: Schuttplätze,
Wegränder, Mauern, Ge-
büsche, lichte Wälder und
Parks.
Verbreitung: Fast ganz
Europa; Asien, Nordafrika.

Wissenschaftlicher Name:
Chrysosplenium alternifolium
Familie: Steinbrech-
gewächse
Aussehen: Bis 20 cm hohe,
lockerrasig wachsende
Pflanze mit zum Teil oberirdischen, fadenförmigen Aus-
läufern. Stengel 3kantig.
Blätter langgestielt, rundlich
herzförmig, grob gekerbt mit
breit abgestutzten Kerbzäh-
nen, locker anliegend be-
haart oder fast kahl, glänzend; Grundblätter rosetten-
ähnlich angeordnet; Stengelblätter wechselständig. Blüten klein, grünlichgelb, von
zahlreichen gelblichen Hochblättern umgeben. 4 Kelchblätter, Kronblätter fehlen;
meist 8 Staubblätter. Kapsel
schon vor der völligen
Fruchtreife offen, becher-
förmig.
Blütezeit: IV–VI
Standort: Quellfluren, Bachufer, schattige Wälder, Gebüsche, Hochstaudenfluren.
Verbreitung: Europa mit Ausnahme der südlichsten
Gebiete; Kaukasus.

Wissenschaftlicher Name:
Potentilla anserina
Familie: Rosengewächse
Aussehen: Ausdauernde, bis 15 cm hohe Pflanze, behaart. Stengel niederliegend, langkriechend, an den Knoten wurzelnd. Grundblätter bis 20 cm lang, gestielt, gefiedert; Fiederblättchen schmalelliptisch, am Rand tief eingeschnitten gesägt, oberseits meist kahl, unterseits dicht weißschimmernd seidenhaarig. Stengelblätter kürzergestielt bis fast sitzend, mit weniger Fiederblättchen. Blüten einzelnstehend, langgestielt, 2–3 cm breit. 5 Kelchblätter, ungeteilt, dazu noch 5 meist 3spaltige Außenkelchblätter. Kronblätter doppelt so lang wie die Kelchblätter. 20 Staubblätter. Früchtchen zahlreich mit einem dünnen, bleibenden Griffel.
Blütezeit: V–VIII
Standort: Weiden, Wegränder, Ödplätze.
Verbreitung: Fast weltweit.

Wissenschaftlicher Name:
Potentilla erecta
Familie: Rosengewächse
Aussehen: Bis 30 cm hohe Pflanze, behaart, mit einem unregelmäßig knolligen, außen dunkelbraunen, innen blutroten Wurzelstock. Stengel zu mehreren, aufrecht, meist von Grund an verzweigt. Grundblätter lang und dünngestielt, 3teilig, rasch verwelkend. Stengelblätter kurzgestielt bis sitzend, meist 5zählig; Blättchen länglich, von der Mitte an gezähnt, Blüten einzeln an den Knoten stehend, langgestielt, 4zählig, etwa 1 cm breit. Außenkelchblätter länglich, stumpf; Kelchblätter meist kürzer, breiter. Kronblätter nur wenig länger als der Kelch, verkehrtherzförmig, vorne deutlich ausgerandet. Staubblätter 15–20.
Blütezeit: V–X
Standort: Wiesen, Moore, Heiden.
Verbreitung: Europa; Asien, Nordafrika.

Wissenschaftlicher Name:
Geum urbanum
Familie: Rosengewächse
Aussehen: Bis 50 cm hohe Pflanze, behaart. Stengel aufrecht, verzweigt. Blätter grundständig, langgestielt, gefiedert, die unteren Fiedern viel kleiner als die oberen, alle Fiederblätter grobgezähnt und eingeschnitten. Blüten ausgebreitet, 10–20 mm breit, einzeln an den Enden der Seitenäste; Kelchblätter nach der Blüte zurückgeschlagen; Kronblätter etwa so lang wie die Kelchblätter. Früchtchen einsamig, borstigbehaart, mit dem bleibenden, im oberen Teil hakig gebogenen Griffel versehen.
Blütezeit: V–X
Standort: Feuchte Laub-Mischwälder, Hecken, Schuttplätze, Mauern.
Verbreitung: Fast ganz Europa.

Flügelginster

Wissenschaftlicher Name:
Chamaespartium sagittale
Familie: Schmetterlings-
blütler
Aussehen: Rasig wachsende,
bis 30 cm hohe, zerstreut abstehend behaarte Pflanze.
Zweige aufrecht, mit häutigen Flügeln. Blätter ohne
Nebenblätter, abwechselnd
links und rechts einzeln an
den Knoten sitzend, 1 bis
2 cm lang, lanzettlich. Blüten
dicht gedrängt; Kelch 2lip-
pig, glockenförmig; Ein-
schnitt zwischen den beiden
Lippen so tief oder weniger
tief als der Einschnitt der
Oberlippe; Krone 10 bis
15 mm lang; Kronblätter
alle etwa gleich lang. Frucht
(Hülse) flach, 1,5−2 cm
lang, dicht behaart.
Blütezeit: V−VII
Standort: Heiden, Trockenrasen, lichte Wälder; auf
kalkarmen Böden.
Verbreitung: Südeuropa
von Spanien bis zur Balkanhalbinsel, Mitteleuropa von
Frankreich bis Ungarn recht
zerstreut.

Wissenschaftlicher Name:
Melilotus officinalis
Familie: Schmetterlings-
blütler
Aussehen: Bis 1,5 m hohe,
kahle, meist einjährige
Pflanze. Stengel aufrecht,
oft verzweigt, unten kahl,
oben kurz anliegend be-
haart, beblättert. Blätter
3zählig, gestielt; Blättchen
am Rand gezähnt, mittleres
deutlich längergestielt als
die seitlichen. Blüten in
reichblütigen, zur Fruchtzeit
verlängerten Trauben, hängend, Kelch glockig, bis
halb so lang wie die Krone;
Krone 5,5 bis 7 mm lang,
hellgelb, Fahne und etwa
gleichlange Flügel länger
als das Schiffchen. Frucht
3–4 mm lang, eiförmig,
kahl, mit Querfurchen.
Blütezeit: V–X
Standort: Weg- und Acker-
ränder, Ödland, Schutt-
flächen.
Verbreitung: Europa und
Asien.

Wissenschaftlicher Name:
Lathyrus pratensis
Familie: Schmetterlings-blütler
Aussehen: Bis 1 m hohe, meist kahle bis zerstreut be-haarte Pflanze mit oft mehre-ren 4kantigen, kletternden Stengeln. Blätter mit bis 3 cm langem Blattstiel, 1 Paar Blättchen und verästelter oder einfacher Ranke; Blätt-chen bis 4 cm lang, lanzett-lich, spitz, deutlich längsner-vig. Nebenblätter groß, oft fast so lang wie die Blätt-chen. Blüten meist kräftig gelb, bis 2 cm lang, schwach duftend, in langgestielten, lockeren, 3–12blütigen Trau-ben. Kelchzähne ungleich lang. Frucht länglich, flach, bis 4 cm lang, schwärzlich, reif kahl.
Blütezeit: V–VIII
Standort: Wiesen, auch Gebüsche und Waldränder.
Verbreitung: Fast ganz Europa; Asien bis Sibirien, Japan, Himalaja; Nord-afrika. In Nordamerika ein-gebürgert.

Wissenschaftlicher Name:
Medicago lupulina
Familie: Schmetterlings-
blütler
Aussehen: Bis 50 cm hohe,
kahle bis anliegend be-
haarte Pflanze. Stengel niederliegend bis aufsteigend,
verzweigt. Grundblätter zur
Blütezeit fehlend. Stengelblätter 3zählig, das End-
blättchen längergestielt als
die seitlichen; Blättchen verkehrteiförmig, an der Spitze
fein gezähnt, zumindest unterseits anliegend behaart;
Nebenblätter ganzrandig.
Blüten zahlreich, in kugeligen bis eiförmigen, 4–6 mm
breiten Köpfen; Krone 2 bis
3,5 mm lang, auch verblüht
noch gelb, abfallend (Unterschied zu ähnlichen Klee-Ar-
ten). Früchte 3 mm lang, nierenförmig.
Blütezeit: V–X
Standort: Mähwiesen, Wegränder, Schuttplätze.
Verbreitung: Fast ganz
Europa.

Wissenschaftlicher Name:
Anthyllis vulneraria
Familie: Schmetterlings-
blütler
Aussehen: Bis 50 cm hohe
Pflanze. Stengel unten anliegend oder abstehend, oben
nur anliegend behaart, nicht
verholzt. Grundblätter gestielt, einfach oder wenig
gefiedert mit großen End-
blättchen; Stengelblätter sitzend, meist stärker zerteilt.
Blättchen länglich bis eiförmig, bis 10 cm lang, ganzrandig. Blüten fast sitzend, in
Köpfen mit breiten, 3- bis
7spaltigen Tragblättern;
Krone 1–2 cm lang, hellgelb,
goldgelb oder vorne rötlich.
Kelch dicht behaart, etwas
aufgeblasen; vorne gele-
gentlich rot; Frucht im Kelch
eingeschlossen.
Blütezeit: V–X
Standort: Felshänge, Magerwiesen, Wegränder; beson-
ders auf Kalk.
Verbreitung: Ganz Europa,
östlich bis zum Kaukasus
und nach Vorderasien, südlich bis Nordafrika.

Wissenschaftlicher Name:
Hippocrepis comosa
Familie: Schmetterlings-
blütler
Aussehen: Bis 20 cm hohe,
fast zwergstrauchig wach-
sende, zerstreut anliegend
behaarte Pflanze. Stengel
niederliegend-aufsteigend,
am Grund verholzt, reich beblättert. Blätter fast nur am
Stengel, einfach gefiedert,
die unteren langgestielt;
Blättchen verkehrteiförmig
bis linealisch, ohne Knorpel-
rand. Blüten gelb, duftend,
etwa 1 cm lang, in wenigblütigen Dolden auf bis 10 cm
langen Stielen. Frucht aus
hufeisenförmigen Abschnitten zusammengesetzt.
Blütezeit: V–X
Standort: Felshänge, trok-
kene Rasen, Magerwiesen;
meist auf Kalk.
Verbreitung: Ganz Europa,
besonders im Süden und in
den Alpenländern, im nord-
deutschen Flachland nur stellenweise.

Wissenschaftlicher Name:
Lotus corniculatus
Familie: Schmetterlings-
blütler
Aussehen: Bis 40 cm hohe
Pflanze. Stengel bogig aufsteigend oder aufrecht, meist
fast kahl, seltener abstehend
behaart. Blätter 5zählig; die
3 oberen Blättchen kurzgestielt, eiförmig bis lanzettlich,
kahl, am Rand gewimpert
oder beiderseits abstehend
behaart, das untere Paar
direkt am Stengel. Blüten bis
15 mm lang, in doldenähnlichen, langgestielten Köpfen,
kräftig gelb, oft rötlich überlaufen; Kronblätter behalten
ihre Farbe meist auch noch
nach dem Verblühen. Krone
etwa doppelt so lang wie der
Kelch. Früchte bis 2 cm lang,
rund, reif kastanienbraun.
Blütezeit: V–X
Standort: Trockene Rasen,
Mähwiesen.
Verbreitung: Fast ganz
Europa; Teile Asiens, Nord-
und Ostafrika.

Wissenschaftlicher Name:
Euphorbia cyparissias
Familie: Wolfsmilch-
gewächse
Aussehen: Bis 50 cm hohe,
mehrstengelige, kahle
Pflanze. Stengel milchsaft-
haltig, mit bis zu 20 nichtblü-
henden, dicht beblätterten
und bis zu 10 blütentragen-
den Seitenzweigen. Blätter
wechselständig, linealisch,
ganzrandig, bis 4 cm lang,
bis 3 mm breit, Blüten sehr
klein (zurückgebildet), in be-
cherförmigen, mit sichelför-
migen, gelben Drüsen be-
setzten Hüllen zusammen-
gefaßt, die zusammen mit
den breit dreieckigen, gelben, später roten Hüllblättern als Blüten wirken, in
Dolden mit gabelig ver-
zweigten Doldenstrahlen.
Blütezeit: IV–VII
Standort: Trockene Rasen,
Wegränder, lichte Wälder.
Verbreitung: Fast ganz
Europa mit Ausnahme des
äußersten Nordens und
Südens, stellenweise selten
oder fehlend.

Wissenschaftlicher Name:
Hypericum perforatum
Familie: Johanniskraut-
gewächse
Aussehen: Bis 1 m hohe,
kahle Pflanze mit aufrechtem,
rundem, im oberen Teil verzweigtem und 2kantigem
Stengel. Blätter eiförmig bis
linealisch, mit zahlreichen,
durchscheinenden Punkten.
Blüten in einem doldenartigen Blütenstand, auf meist
schwarzdrüsigen Stielen,
5zählig; Kelchblätter schmal,
gelegentlich schwarz ge-
tupft; Blütenblätter gelb, gelegentlich schwarz gepunktet, bis 15 mm lang; Staubblätter zahlreich, in 5 Gruppen. 3–5 Griffel. Frucht mit
unregelmäßigen Ölleisten.
Blütezeit: VI–IX
Standort: Felshänge, trok-
kene Rasen, lichte Wälder.
Verbreitung: Ganz Europa
mit Ausnahme des höchsten
Nordens; Westasien, Nord-
afrika; oft eingeschleppt und
eingebürgert.

Wissenschaftlicher Name:
Impatiens noli-tangere
Familie: Springkraut-
gewächse
Aussehen: Bis 1 m hohe,
kahle, einjährige Pflanze.
Stengel im oberen Teil verzweigt. Blätter wechselständig, bis 10 cm lang, grob
gezähnt; Zähne mit feiner,
aufgesetzter Spitze, am
Rand mit gestielten Drüsen.
Blüten mit Sporn, einzeln
oder bis zu 4 in den Blattachseln, an abwärts gebo-
genen Stielen; Krone etwa
3 cm lang, das große Kronblatt mit roten Punkten.
Frucht 2–3 cm lang, keulenförmig, platzt reif bei Berüh-
rung auf und schleudert die
Samen heraus.
Blütezeit: VII–X
Standort: Feuchte Wälder,
Gebüsche und Schlag-
fluren.
Verbreitung: Fast ganz
Europa; im Osten bis
Japan.

Wissenschaftlicher Name:
Viola tricolor
Familie: Veilchengewächse
Aussehen: Bis 30 cm hohe, einjährige oder ausdauernde Pflanze. Stengel niederliegend bis aufrecht, oft von Grund an verzweigt. Blätter wechselständig, gestielt, untere rundlich mit herzförmigem Grund, die oberen länglich, alle am Rand stumpf gezähnt; Nebenblätter groß, tief fiederspaltig, die seitlichen Zipfel 1- bis 2mal so lang wie die Breite des Endabschnittes. Blüten langgestielt, in den Achseln der Stengelblätter, 1,2–3 cm hoch, schwach duftend. Kronblätter 1,3- bis 2mal so lang wie der Kelch, gelb bis blau, die unteren mit dunklen Strichen, das unterste mit kräftig gelbem Fleck. Frucht eine rundliche, 3fächrige Kapsel.
Blütezeit: V–X
Standort: Äcker, Ödland, Wiesen.
Verbreitung: Fast ganz Europa; Vorderasien.

Wissenschaftlicher Name:
Oenothera biennis
Familie: Nachtkerzengewächse
Aussehen: Bis 1 m hohe, oft rot überlaufene Pflanze. Grundblätter länglich verkehrteiförmig, buchtig gezähnt bis fast ganzrandig; Stengelblätter zahlreich, kleiner. Blütenstand traubig, aufrecht. Blüten sitzend, durch die dünne, 1,8–5 cm lange Blütenröhre scheinbar gestielt; Kelchblätter zurückgeschlagen; Kronblätter

2–3 cm lang. Früchte bis 3 cm lang, länglich, stumpf 4kantig.
Blütezeit: VI–X.
Standort: Bahndämme, Straßenböschungen, Wegränder, Ödland.
Verbreitung: Europa; seit dem 17. Jahrhundert eingeschleppt.
Ähnliche Art: Kleinblütige Nachtkerze *(O. parviflora)*, Blütenstand vor der Blüte überhängend, Blütenröhre 2,5–4 cm lang, Kronblätter 0,8–1 cm lang.

Wissenschaftlicher Name:
Pastinaca sativa
Familie: Doldengewächse
Aussehen: Bis 1,5 m hohe, zerstreut behaarte Pflanze. Wurzel spindelförmig oder zuweilen rübenförmig verdickt, mit Möhrengeruch. Stengel meist einzeln, aufrecht, kantiggefurcht, von der Mitte an ästig. Blätter einfach fiederschnittig mit 2–7 Paaren unregelmäßig gekerbter bis gesägter Abschnitte, Endabschnitt oft 3lappig, die unteren gestielt, die oberen sitzend und zuweilen bis auf die Blattscheide reduziert. Blüten in Doppeldolden; Hülle und Hüllchen fehlen; Kelchsaum undeutlich; Kronblätter gleichgroß, 0,5 mm lang, 1 mm breit, nach außen gebogen. Frucht stark linsenförmig zusammengedrückt, 5–7 mm lang, reif gelbbraun
Blütezeit: VII–IX
Standort: Wiesen, Wegränder, Ödland.
Verbreitung: Fast ganz Europa; Kaukasus, Sibirien.

Wissenschaftlicher Name:
Primula elatior
Familie: Primelgewächse
Aussehen: Bis 30 cm hohe, kurz samtig behaarte Pflanze. Blätter in grundständiger Rosette, runzelig, länglich eiförmig, oberseits dunkelgrün, unterseits hellgrün, mit unregelmäßig gezähntem Rand, rasch in den geflügelten Stiel verschmälert. Blüten in einer langgestielten Dolde; Kelchzähne lanzettlich; Krone bis 2 cm breit, am Grund röhrenförmig, oben mit ausgebreiteten, hellgelben, dunkelgelb gefleckten Kronlappen. Frucht eine 5 bis 10 mm lange, eiförmige Kapsel.
Blütezeit: IV–V
Standort: Laub- und Mischwälder, Gebüsche, Wiesen; auf feuchten, nährstoffreichen Böden.
Verbreitung: Weite Gebiete Europas.
Ähnliche Art: Frühlings-Schlüsselblume *(P. veris)*, Blüten duftend, Kelchzähne eiförmig; trockene Wiesen, Gebüsche.

Wissenschaftlicher Name:
Primula auricula
Familie: Primelgewächse
Aussehen: Bis 30 cm hohe,
meist wie mit Mehl be-
stäubte Pflanze. Blätter in
grundständiger Rosette, bis
15 cm lang, kurzgestielt, gelegentlich mit wenigen Zähnen, fleischig, mit Knorpel-
rand. Blüten duftend, bis
2,5 cm breit, gestielt, in ein-
seitswendiger Dolde; Krone
goldgelb, zum Schlund hin
weiß, Kronsaum trichterförmig, Kronlappen wenig
ausgerandet; Kelch bis
7 mm lang, glockenförmig,
mit kurzen Zähnen. Frucht
eine kugelige Kapsel.
Blütezeit: IV−VI
Standort: Felsspalten, Felsschutt und offene Rasengesellschaften; stets auf Kalk;
vom Tal bis über 2500 m.
Verbreitung: Alpen, besonders in den Kalkgebieten;
Schwarzwald, Jura, Apen-
nin, Karpaten; selten außer-
halb der Alpen.

Pfennigkraut

Wissenschaftlicher Name:
Lysimachia nummularia
Familie: Primelgewächse
Aussehen: Bis 5 cm hohe, ausdauernde, kahle Pflanze, Stengel niederliegend, bis 50 cm lang, 4kantig, im unteren Teil an den Knoten wurzelnd. Blätter gegenständig, kurzgestielt, elliptisch bis kreisrund, ganzrandig. Blüten einzeln in den Blattachseln. Kelchblätter 5, schmalherzförmig, zugespitzt, 7–10 mm lang, rot gepunktet, 5 Kronblätter, sattgelb, innen rotpunktiert, 9–16 mm lang, verkehrteiförmig, häufig bis über die Mitte 2spaltig. Staubblätter viel kürzer als die Krone, mit drüsigen Staubfäden. Frucht selten ausgebildet, eine kugelige, 4–5 mm lange Kapsel bildend.
Blütezeit: V–VII
Standort: Feuchte Wiesen, Gärten, Gräben, Auwälder, Waldränder.
Verbreitung: Fast ganz Europa; in viele Gebiete der Welt verschleppt.

Gelber Enzian

Wissenschaftlicher Name:
Gentiana lutea
Familie: Enziangewächse
Aussehen: Bis 1,5 m hohe
Pflanze. Blätter kreuzgegenständig, elliptisch, stark
längsnervig; untere kurzgestielt, obere sitzend. Blüten
langgestielt, am Ende des
Stengels und in den Blattachseln in Scheinquirlen gehäuft; Krone fast bis zum
Grund 5–6teilig, ausgebreitet, goldgelb, mit schmalen
Kronzipfeln. Frucht eine bis
6 cm lange Kapsel.

Blütezeit: VII–VIII
Standort: Felsschutt, Rasen,
Hochstaudenfluren, Lat-
schen- und Grünerlengebü-
sche; meist auf Kalk.
Verbreitung: Bergländer
Mittel- und Südeuropas;
Alpenvorland; fehlt in den
Ostalpen östlich von Inn
und Eisack, in den Süd-
alpen nördlich von Drau
und Rienz.

Goldnessel

Wissenschaftlicher Name:
Lamium galeobdolon
Familie: Lippenblütler
Aussehen: Bis 60 cm hohe Pflanze mit am Grund nur an den Kanten behaartem, meist unverzweigtem Stengel, während oder kurz nach der Blüte mit Ausläufern. Blätter gestielt, rundlich bis breit lanzettlich, grob gezähnt, gelegentlich weiß gefleckt. Blüten sitzend, in quirlartigen Blütenständen in den Achseln der oberen Blattpaare; Krone 1,7–2,5 cm lang; Unterlippe braun gefleckt, 3lappig; Kelch bis 1 cm lang, mit lang zugespitzten Zähnen; Staubbeutel und Blütenstaub gelb.
Blütezeit: IV–VIII
Standort: In Laubmischwäldern, Gebüschen und Schlagfluren.
Verbreitung: Fast ganz Europa.

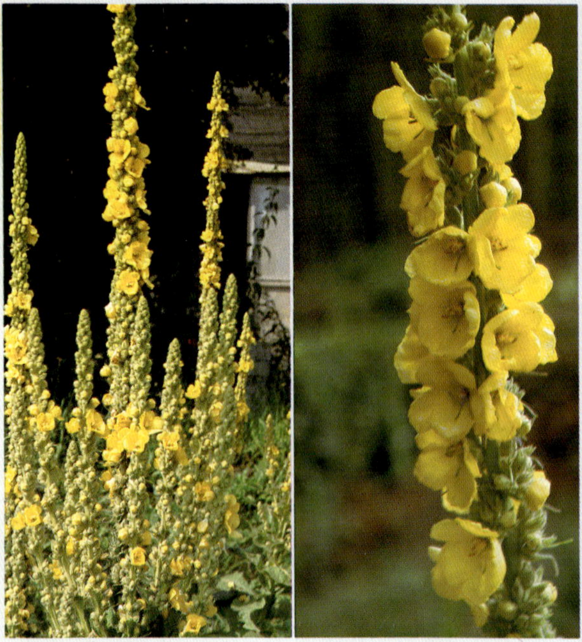

Wissenschaftlicher Name:
Verbascum thapsus
Familie: Braunwurz-
gewächse
Aussehen: Bis 1,8 m hohe,
dicht filzig behaarte Pflanze.
Blätter länglich bis elliptisch,
die oberen und mittleren flü-
gelartig bis zum nächsten
Blatt am Stengel herablau-
fend, die unteren gestielt.
Blüten kurzgestielt, in einer
dichten, ährigen Traube;
Krone hellgelb, verwachsen,
mit 5 Zipfeln, weit trichterförmig, 18–22 mm breit; die
2 längeren Staubfäden weiß
wollig behaart, 3- bis 4mal
so lang wie ihre kurz herablaufenden Staubbeutel.
Blütezeit: VII–IX
Standort: Unkrautfluren,
Waldränder, Kahlschläge.
Verbreitung: Fast ganz
Europa; Nordasien.
Ähnliche Art: Großblütige
Königskerze *(V. densiflorum)*,
Blüten flach, 30–35 mm breit,
längere Staubfäden 0,5- bis
2mal so lang wie ihre herablaufenden Staubbeutel; an
ähnlichen Standorten.

Wissenschaftlicher Name:
Linaria vulgaris
Familie: Braunwurz-
gewächse
Aussehen: Bis 60 cm hohe,
vielstengelige, kahle Pflanze.
Stengel aufrecht, dichtbe-
blättert. Blätter wechselständig, lanzettlich bis linealisch,
spitz, 1 nervig, etwas bläu-
lichgrün, am Grund stielartig
verschmälert. Blüten in einer
dichten Traube, kurzgestielt.
Kelch glockig mit 5 lanzettlichen Zipfeln. Blütenkrone
hellgelb, 16–30 mm lang,
verwachsen, 2lippig, die
Oberlippe mit einem oran-
gefarbenen Gaumen den
Eingang verschließend, am
Grund mit einem etwa
10 mm langen Sporn. Frucht
eine sich mit 4–10 Zähnen
öffnende, 7–8 mm lunge
Kapsel. Samen scheibenförmig, etwa 2 mm breit.
Blütezeit: VI–X
Standort: Trockenrasen, steinige Hänge, Wegränder,
Schuttplätze, Äcker.
Verbreitung: Fast ganz
Europa; Westasien.

Wissenschaftlicher Name:
Rhinanthus alectorolophus
Familie: Braunwurz-
gewächse
Aussehen: Bis 80 cm hohe
Pflanze mit langhaarigem
Stengel. Blätter lanzettlich bis
eiförmig, gekerbt-gesägt.
Blüten in endständigen Ähren in den Achseln breit-drei-
eckiger, behaarter, kurzge-
zähnter Tragblätter. Krone
2 cm lang, mit wenig gebo-
gener Röhre, gelb mit violet-
tem Zahn an der Oberlippe;
Kelch zottig behaart.

Blütezeit: V–VII
Standort: Trockene Rasen,
trockene Mähwiesen.
Verbreitung: Fast ganz
Europa.
Ähnliche Arten: Zahlreiche,
nach Form und Größe der
Blüten und Tragblätter unter-
schiedene Arten. Am leichte-
sten zu unterscheiden sind
der Grannen-Klappertopf
(R. aristatus) mit fast kahlem
Kelch und langgezähnten
Tragblättern sowie der Kleine
Klappertopf *(R. minor)* mit
gerader Kronröhre.

Wald-Wachtelweizen

Wissenschaftlicher Name:
Melampyrum sylvaticum
Familie: Braunwurz-
gewächse
Aussehen: Bis 30 cm hohe,
wenig behaarte Pflanze.
Stengel 4kantig, oft ver-
zweigt. Blätter gegenständig, lanzettlich, ganzrandig.
Blüten in einer lockeren
Traube einzeln in den Achseln der oberen Stengel-
blätter, diese lanzettlich,
wenigzähnig; Kelch röhrenförmig; 4zipflig, 6–7 mm
lang; Krone 8–10 mm lang,
gekrümmt, mit kurzer Röhre
und 2lippigem, trichterförmig erweitertem Rand,
goldgelb; Oberlippe helm-
förmig, seitlich abgeflacht,
ganzrandig, Unterlippe fast
so lang wie die Oberlippe,
flach, 3teilig.
Blütezeit: VI–IX
Standort: Nadelwälder,
Gebüsche; auf kalkarmen
Böden.
Verbreitung: Weite Gebiete
Europas.

Wissenschaftlicher Name:
Galium verum
Familie: Rötegewächse
Aussehen: Bis 60 cm hohe
Pflanze. Stengel aufsteigend
oder aufrecht, rundlich, mit
4 erhabenen Längslinien.
Blätter zu 8 bis 12 in einem
Quirl, schmallinealisch, sta-
chelspitzig, am Rand nach
unten umgerollt, etwa 1 mm
breit, unterseits flaumig-
behaart, mit nur 1 Längs-
nerv. Blüten klein, zahlreich,
in einem dichten, reichverzweigten, endständigen
Blütenstand. Kelch fehlend.
Krone 4zipflig, 2–3 mm
breit, ausgebreitet, stark
nach Honig duftend.
Blütezeit: VI–IX
Standort: Trockenrasen,
Wegränder, lichte Wälder.
Verbreitung: Fast ganz
Europa; Kleinasien
Ähnliche Art: Wirtgens Lab-
kraut *(G. wirtgenii)*, Blätter
bis 2 mm breit, unterseits
kahl, Blütenstand unterbro-
chen, Blüten geruchlos;
blüht bereits V–VI; in
Feuchtwiesen.

Wissenschaftlicher Name:
Solidago gigantea
Familie: Korbblütler
Aussehen: Bis 2 m hohe
Pflanze. Stengel unterwärts
kahl. Blätter lanzettlich, gesägt, unterseits kahl oder
auf den Nerven kurz be-
haart. Blütenköpfchen klein,
aufrecht, in dichter Traube
an abstehenden, bogig
überhängenden Ästen an-
geordnet; Zungenblüten
etwas länger als Hülle und
Röhrenblüten. Frucht klein
mit Pappus.

Blütezeit: VII–X
Standort: Auwälder, Hochstaudenfluren, Wegränder.
Verbreitung: Nordamerika;
bei uns als Zierpflanze angebaut und eingebürgert.
Ähnliche Art: Kanadische
Goldrute *(S. canadensis)*,
Stengel und Blattunterseite
dicht behaart, Zungenblü-
ten nicht länger als die
Hülle und die Röhrenblüten;
an ähnlichen Standorten.

Wissenschaftlicher Name:
Tanacetum vulgare
Familie: Korbblütler
Aussehen: Bis 1,2 m hohe, aromatisch riechende, meist vielstengelige Pflanze. Stengel beblättert, meist kahl, nur im oberen Teil verzweigt. Blätter sitzend, gefiedert mit länglichen, scharf gesägten Blättchen. Blütenstand eine lockere bis dichte Scheindolde; Blütenköpfchen goldgelb, 6 bis 10 mm breit; Hülle halbkugelig mit grünen, dachziegelartig angeordneten, hellrandigen Hüllschuppen; Blüten alle röhrenförmig, gelb, die Hülle deutlich überragend. Früchte 1,5 bis 2 mm lang, drüsig punktiert, oben mit kurzem, gezähntem Rand.
Blütezeit: VII–IX
Standort: Staudengesellschaften, Flußufer, Unkrautfluren, Schuttplätze.
Verbreitung: Fast ganz Europa; Westasien.

Wissenschaftlicher Name:
Tussilago farfara
Familie: Korbblütler
Aussehen: Bis 25 cm hohe Pflanze. Blütenstengel vor den Blättern erscheinend, unverzweigt, dicht spinnwebig bis weißfilzig behaart, im unteren Teil dicht, im oberen Teil locker mit lanzettlichen, zugespitzten, bleich rötlichen Schuppenblättern besetzt. Blütenköpfchen endständig, 30 bis 40 mm breit; Hülle mit einreihigen, linealischen Hüllschuppen; Zungenblüten strahlend, linealisch, bis 14 mm lang, zahlreich, wie die Röhrenblüten gelb. Blätter grundständig, deutlich gestielt, rundlich mit herzförmiger Bucht, am Rand grob, dazwischen feiner gezähnt, oberseits schwach behaart, unterseits dicht weißfilzig.
Blütezeit: III–IV
Standort: Ufer, Wegränder, feuchte Äcker, Schuttplätze.
Verbreitung: Fast ganz Europa; Nordasien, Nordafrika.

Wissenschaftlicher Name:
Senecio nemorensis
Familie: Korbblütler
Aussehen: Bis 1,5 m hohe Pflanze mit kraus behaarten, oben verzweigten, beblätterten Stengeln. Blätter bis 15 cm lang, lanzettlich, fein gesägt, mit geflügeltem Stiel. Blütenköpfchen zahlreich, in einem doldenartigen Blütenstand; Hülle 7 bis 10 mm lang, schmal walzenförmig, mit meist 10–12 einreihigen, linealischen Hüllschuppen, die außen von wenigen, etwa halb so langen Schuppen umgeben sind; meist 5 Zungenblüten, linealisch, bis 20 mm lang, bis 2 mm breit; Röhrenblüten zahlreicher. Früchte mit Haarkrone.
Blütezeit: VII–IX
Standort: Laub- und Mischwälder, Gebüsche.
Verbreitung: Mitteleuropa; Balkan.

Wissenschaftlicher Name:
Doronicum grandiflorum
Familie: Korbblütler
Aussehen: Bis 50 cm hohe
Pflanze mit drüsig behaartem, ein- bis gelegentlich
mehrköpfigem Stengel.
Grundständige Blätter gestielt, am Grund herzförmig,
grob gezähnt bis fast ganzrandig, obere Blätter halb-
stengelumfassend, gezähnt,
alle mit kurzen Drüsenhaaren und längeren drüsenlosen Zottenhaaren. Köpfe
4–6 cm breit, Zungen- und
Scheibenblüten goldgelb;
Hüllblätter mehrreihig, 2 cm
lang, behaart.
Blütezeit: VII–VIII
Standort: Felsschutt, offene
Rasengesellschaften und
Felsspalten; stets auf kalk-
reichen Böden.
Verbreitung: Alpen (in den
Silikatgebieten selten oder
fehlend); Pyrenäen, Korsika.
Hinweis: In den Alpen
einige ähnliche Arten.

Wissenschaftlicher Name:
Arnica montana
Familie: Korbblütler
Aussehen: Bis 60 cm hohe, behaarte, drüsige, aromatisch riechende Pflanze. Stengel mit 1–3 gegenständigen Blattpaaren, übrige Blätter länglich verkehrteiförmig, ganzrandig, 5nervig, in grundständiger Rosette. Blütenköpfe einzeln oder zu dritt, seltener zu mehreren, endständig, bis 8 cm breit; Hüllschuppen in 1–3 Reihen, lanzettlich spitz, fast gleichlang; Zungen- und Scheibenblüten orange- bis dottergelb, behaart, mit 8 mm langen, gelblichen Pappusborsten.
Blütezeit: VI–IX
Standort: Trockene Weiden, trockene Waldwiesen, auch Moore; nicht auf Kalk.
Verbreitung: Von Südskandinavien bis Portugal, Norditalien und bis zu den Karpaten; im Süden nur in den Bergen.

Wissenschaftlicher Name:
Aposeris foetida
Familie: Korbblütler
Aussehen: Bis 25 cm hohe, unangenehm nach verdorbenem Mehl riechende Pflanze. Blätter alle grundständig, im Umriß lanzettlich, fiederspaltig mit eckigen Lappen. Blütenköpfe einzeln an langen, blattlosen Stengeln; nur mit Zungenblüten. Hülle etwa 1 cm lang, schmal zylindrisch, am Grund kraushaarig, sonst kahl, Hüllblätter in 2 Reihen, die äußeren sehr klein. Früchte behaart, ohne Pappus.
Blütezeit: V–VI
Standort: Laubwälder, Mischwälder, in den Alpen auch in Nadelwäldern und Latschengebüschen; auf kalkhaltigen Böden.
Verbreitung: Bergländer Mitteleuropas, Alpenvorland.

Wissenschaftlicher Name:
Crepis biennis
Familie: Korbblütler
Aussehen: Bis 1,2 m hohe, meist kurz behaarte Pflanze. Blätter länglich bis lanzettlich, gezähnt bis grob fiederspaltig, die unteren gestielt, die oberen sitzend. Köpfe bis 3,5 cm breit; Hülle walzenförmig, dunkelgrün, mit Sternhaaren, gelegentlich auch mit schwarzen Drüsenborsten; äußere Hüllblätter viel kürzer als die inneren abstehend; Blüten kräftig gelb, alle zungenförmig. Früchte länglich, an der Spitze verschmälert, mit schneeweißen Kelchborsten.
Blütezeit: V–VIII
Standort: Wiesen, Unkrautfluren.
Verbreitung: Fast ganz Europa.
Ähnliche Art: Kleinköpfiger Pippau *(C. capillaris),* untere Stengelblätter pfeilförmig stengelumfassend, Blütenköpfe nur 10–15 mm breit; ähnliche Standorte.

Wissenschaftlicher Name:
Tragopogon orientalis
Familie: Korbblütler
Aussehen: Bis 1 m hohe,
kahle, wenig verzweigte
Pflanze. Stengel unter den
Blütenköpfchen kaum ver-
dickt. Blätter kahl, halbsten-
gelumfassend, schmallan-
zettlich, spitz, mit verbreitertem Grund sitzend. Köpfe
blühend bis 6 cm im Durchmesser, auf langen, nur
schwach verdickten Stielen;
Hülle bis 3 cm lang, aus
8 linealisch zugespitzten,
gleichlangen Schuppen be-
stehend. Blüten schwefel- bis
dottergelb, deutlich länger
als die Hülle, alle zungenförmig; Staubbeutel gelb, mit
schwarzen Längsstreifen.
Früchte bis 2 cm lang, kurz
bestachelt, in einen Schnabel
verschmälert.
Blütezeit: V–VII
Standort: Gut gedüngte Wiesen, auch Wegränder.
Verbreitung: Fast ganz
Europa; bis Sibirien, Persien.

Gemeiner Löwenzahn

Wissenschaftlicher Name:
Taraxacum officinale
Familie: Korbblütler
Aussehen: Bis 50 cm hohe, kahle oder schwach behaarte Pflanze mit einer rübenartigen, fleischigen Wurzel. Blätter grundständig, verkehrtlanzettlich, eingeschnitten mit breiten bis linealischen Abschnitten. Blütenköpfe einzeln an einem langen, blattlosen Stiel, Hülle aus äußeren kurzen, abstehenden und inneren längeren, schmalen, anliegenden Schuppen bestehend. Blüten alle zungenförmig; Zungen schmal, vorne 5zähnig. Früchte mit langem, dünnem Schnabel und zahlreichen weißen, gefiederten Kelchborsten.
Blütezeit: IV–VI (XII)
Standort: Wiesen, Unkrautfluren, Schuttplätze.
Verbreitung: Zahlreiche, schwer zu unterscheidende Formen in ganz Europa und Westasien.

Wissenschaftlicher Name:
Mycelis muralis
Familie: Korbblütler
Aussehen: Bis 1 m hohe, kahle Pflanze mit verzweigtem, hohlem Stengel. Untere Blätter bis 20 cm lang, tief fiederspaltig mit großem, im Umriß dreieckigen Endlappen, langgestielt, obere Blätter kleiner und sitzend; Blüten meist nur zu 5 in schmal zylindrischen Köpfen in einer lockeren Rispe; Hülle 7–10 mm lang, kahl, Hüllschuppen 2reihig, die äußeren sehr kurz; Blüten blaßgelb. Früchte 3 bis 4 mm lang, schwarz, abgeflacht, mit kurzem Schnabel und weißem Pappus.
Blütezeit: VII–VIII
Standort: Laub- und Mischwälder, Gebüsche, Schlagfluren, schattige Mauern; auf nährstoffreichen Böden.
Verbreitung: Fast ganz Europa.

Wissenschaftlicher Name:
Hieracium pilosella
Familie: Korbblütler
Aussehen: Bis 30 cm hohe Pflanze. Stengel 1köpfig, unbeblättert, von Sternhaaren filzig. Ausläufer dünn, beblättert mit zur Ausläuferspitze hin kleiner werdenden Blättern. Blätter länglich, oberseits borstig, unterseits von Sternhaaren weiß. Hülle von Sternhaaren grauweiß, mit einfachen Haaren und Drüsenhaaren; Hüllblätter 0,5–2 mm breit, schmallanzettlich, allmählich zugespitzt; Blüten alle zungenförmig; Achänen mit schmutzigweißer, brüchiger Haarkrone.
Blütezeit: V–IX
Standort: Auf trockenen Böden; von Tallagen bis um 3000 m.
Verbreitung: Fast ganz Europa, im ganzen Alpengebiet häufig; Teile Asiens.

Wald-Habichtskraut

Wissenschaftlicher Name:
Hieracium murorum
Familie: Korbblütler
Aussehen: Bis 60 cm hohe
Pflanze. Stengel nur an der
Spitze verzweigt, mit 1–2
Stengelblättern, unter den
Blütenköpfen mit Sternhaa-
ren und Drüsenhaaren.
Grundblätter eiförmig, im
unteren Teil meist gezähnt,
am Grund herzförmig, be-
haart und unterseits spärlich
sternhaarig und oft rot, zur
Blütezeit noch vorhanden;
Stengelblätter kleiner.
Wenige Blütenköpfe, nur
mit Zungenblüten; Hülle
reichdrüsig, mit Sternhaa-
ren, ohne einfache Haare.
Früchte 3–3,5 mm lang,
schwärzlich.
Blütezeit: V–VII
Standort: Laubwälder,
Gebüsche.
Verbreitung: Fast ganz
Europa; Nordasien.
Ähnliche Art: Gabeliges
Habichtskraut *(H. bifidum)*,
Blätter am Grunde nicht
herzförmig, Hülle drüsenlos,
reich behaart.

Rote Blüten

Wissenschaftlicher Name:
Butomus umbellatus
Familie: Schwanenblumen-
gewächse
Aussehen: Bis 1,5 m hohe,
kahle Pflanze mit dickem
Wurzelstock. Blätter alle
grundständig, bis 1,2 m
lang, meist über das Was-
ser ragend, gelegentlich flutend, unten 3kantig, etwa
10 mm breit, etwas gedreht.
Blütenschaft blattlos, rund,
die Blätter überragend, am
Ende mit 15–20 Blüten in
doldenähnlichem Blüten-
stand mit kurzen Hochblättern. Blüten rosaweiß, lang
gestielt, 2–3 cm im Durchmesser mit je 3 Kelch- und
Kronblättern, 9 Staubblättern und einem 6fächrigen
Fruchtknoten.
Blütezeit: VI–VIII
Standort: Schlammige Ufer
stehender oder langsam
fließender, nährstoffreicher
Gewässer, bis 50 cm Tiefe.
Verbreitung: Fast ganz
Europa; Teile Asiens.

Wissenschaftlicher Name:
Fritillaria meleagris
Familie: Liliengewächse
Aussehen: Bis 40 cm hohe, kahle Pflanze mit kugeliger, etwa 1 cm dicker Zwiebel. Blätter linealisch, rinnig, wechselständig, graugrün. Blüten meist einzeln, seltener zu zweit, endständig, überhängend, bauchig-glockenförmig, 3–4 cm lang; 6 Blütenhüllblätter, länglich, an der Spitze nach innen umgebogen, schachbrettartig purpurrot und weißlich gefleckt. Fruchtkapsel kugelig.
Blütezeit: IV–V
Standort: Flachmoore, nährstoffreiche, zeitweise überschwemmte Auwiesen.
Verbreitung: Westeuropa, stellenweise in Mittel- und Südeuropa; als Zierpflanze in Gärten, gelegentlich verwildert.

Wissenschaftlicher Name:
Lilium martagon
Familie: Liliengewächse
Aussehen: Bis 1,5 m hohe
Pflanze. Blätter länglich-
elliptisch, bis 15 cm lang und
bis 5 cm breit, die unteren
und oberen wechselständig,
die mittleren quirlartig angeordnet. Blüten groß, stark
und unangenehm riechend,
an schief aufwärts gerichteten Stielen hängend in oft
reichblütigen Trauben; Blütenblätter bis 7 cm lang, hellpurpurn mit dunklen Flecken.

Blütezeit: VII–VIII
Standort: Bergwälder, Hoch-
staudenfluren, Bergwiesen,
Latschengebüsche; bis über
2000 m.
Verbreitung: Fast ganz
Europa.
Ähnliche Art: <u>Feuerlilie</u>
(L. bulbiferum), Blüten trich-
terig, leuchtend orangerot,
Blätter schmäler; in den Süd-
alpen, sonst selten, gele-
gentlich aus Gärten ver-
wildert.

Wissenschaftlicher Name:
Colchicum autumnale
Familie: Liliengewächse
Aussehen: Bis 25 cm hohe, kahle Knollenpflanze. Blätter alle grundständig, länglich lanzettlich, ganzrandig, mit vielen parallelen Nerven, zusammen mit den eiförmigen oder länglichen Kapseln im Frühjahr erscheinend. Blüten lilarosa, bis 25 cm lang, im Herbst ohne Blätter erscheinend; Kronblätter mit 6 trichterförmig abstehenden, elliptischen bis lanzettlichen Kronzipfeln, am Grund zu einer langen Röhre verwachsen; Fruchtknoten unterirdisch, erst zur Reife im Frühjahr mit den Blättern über die Erde gehoben.
Blütezeit: VIII–XI
Standort: Feuchte Wiesen.
Verbreitung: West-, Mittel- und Teile von Südeuropa.
Wichtig: Die Herbstzeitlose ist giftig!

Frühlings-Krokus

Wissenschaftlicher Name:
Crocus vernus
subsp. albiflorus
Familie: Schwertlilien-
gewächse
Aussehen: Bis 15 cm hohe
Pflanze mit von Fasern um-
gebener Knolle. Blätter
grundständig, grasartig, 3
bis 5 mm breit, mit umgerolltem Rand und weißen
Längsstreifen. Blütenblätter
am Grund zu einer langen
Röhre verwachsen, weiß,
violett oder gestreift, ihr
freier Teil eiförmig, 2–3 cm
lang, trichterförmig; 3 Staubblätter; Fruchtknoten unterständig (Unterschied zu Liliengewächsen), Frucht eine
3fächrige, vielsamige Kapsel; Griffel 3spaltig, leuchtend gelbrot.
Blütezeit: III–IV
Standort: Frische, humus-
reiche Rasengesellschaften,
auch Hochstaudenfluren,
Bergwiesen und Weiden.
Verbreitung: Alpen; Pyrenäen, Zentralmassiv, Jura,
Karpaten, Apennin, Balkanhalbinsel.

Wissenschaftlicher Name:
Gladiolus palustris
Familie: Schwertlilien-
gewächse
Aussehen: Bis 50 cm hohe,
kahle Pflanze mit einer von
netzartig zerfasernden Häu-
ten umgebenen Knolle.
Stengel beblättert; Blätter
4–10 mm breit, seitlich zusammengedrückt, schwert-
artig, deutlich längsnervig.
Blüten zu 2 bis 6 am Ende
des Stengels einseitswen-
dig, sitzend; 6 Blütenhüllblätter, bis 3 cm lang, am
Grund verwachsen, einen
nach außen gebogenen
Trichter bildend, eiförmig,
etwas zugespitzt; 3 Staubblätter, Staubbeutel kürzer
als Staubfäden. Griffel gebogen, mit 3 Narben. Frucht
eine 3fächrige, vielsamige
Kapsel; Samen geflügelt.
Blütezeit: VI–VII
Standort: Feuchte Wiesen,
auch Streuwiesen; auf nährstoffarmen, kalkhaltigen
Böden.
Verbreitung: Mitteleuropa,
Italien, Balkan.

Wissenschaftlicher Name:
Orchis militaris
Familie: Orchideen-
gewächse
Aussehen: Bis 50 cm hohe
Pflanze. Blätter elliptisch bis
lanzettlich, ungefleckt.
3 äußere und 2 innere Blütenblätter bilden einen außen blaßrosa gefärbten,
spitzen Helm; Lippe 3lappig,
hellpurpurn, in der Mitte heller mit dunkelroten, behaarten Flecken, Seitenlappen
schmal, Mittellappen breiter,
2zipfelig mit einem Zahn in
der Bucht zwischen den Zipfeln; Sporn etwa halb so
lang wie der Fruchtknoten,
abwärts gerichtet. Tragblätter kurz.
Blütezeit: V–VII
Standort: Trockene Rasen,
gelegentlich trockene Streuwiesen, Waldränder; stets
auf Kalk.
Verbreitung: In Europa verbreitet, aber stellenweise
selten oder fehlend; auf
landwirtschaftlich genutzten
Flächen durch Düngung ge-
fährdet.

Wissenschaftlicher Name:
Dactylorhiza fuchsii
Familie: Orchideen-
gewächse
Aussehen: Bis 80 cm hohe
Pflanze. Blätter meist kräftig
gefleckt, die unteren lanzettlich, die oberen linealisch. Blütenstand anfangs
pyramidenförmig, später
länglich. Blüten weißlich bis
lila; 2 äußere Blütenblätter
abstehend, 1 äußeres und
2 innere helmartig zusam-
mengeneigt; Lippe 3lappig,
mit kräftig roter Schleifen-
zeichnung, der Mittellappen
etwa so breit wie die Seitenlappen und meist länger;
Sporn abwärts gerichtet.
Tragblätter grün, kaum so
lang wie die Blüten.
Blütezeit: V–VIII.
Standort: Bergwiesen,
Gebüsche, lichte Wälder.
Verbreitung: Fast ganz
Europa, im Süden haupt-
sächlich im Gebirge.

Wissenschaftlicher Name:
Dactylorhiza majalis
Familie: Orchideen-
gewächse
Aussehen: Bis 60 cm hohe,
kahle Pflanze. Blätter länglich eiförmig bis lanzettlich,
stumpf bis spitz, meist dunkel gefleckt. Blütenstand
eine dichte, meist reichblü-
tige Ähre; 6 Blütenhüllblätter, purpurn, die oberen
5 abstehend, das untere
eine Unterlippe bildend, die
breiter als lang und am
Grunde lang gespornt ist.

Blütezeit: V–VI
Standort: Nasse Wiesen,
Gräben, Quellsümpfe.
Verbreitung: Mittel- und
Südeuropa; Kleinasien,
Sibirien.
Ähnliche Art: Fleischrotes
Knabenkraut *(D. incarnata)*,
Blätter schmäler, vom
Grund an gleichmäßig zu-
gespitzt, ungefleckt, Blüten
rot oder seltener gelb; an
ähnlichen Standorten.

Wissenschaftlicher Name:
Nigritella nigra
Familie: Orchideen-
gewächse
Aussehen: 8–15 cm hohe
Pflanze mit beblättertem
Stengel und grasartigen,
linealischen Blättern. Blütenstand kugelig bis eiförmig,
braun- bis schwarzrot. Blüten stark nach Vanille duftend; äußere Blütenblätter
lanzettlich, innere seitliche
schmallanzettlich, etwa halb
so lang wie die äußeren,
Lippe dreieckig mit langer,
gerader Spitze, nach auf-
wärts gerichtet; Sporn kurz,
Fruchtknoten nicht gedreht.
Blütezeit: VI–IX
Standort: Sonnige, trockene
Wiesen; auf kalkhaltigen
und kalkfreien Böden, meist
über 1500 m.
Verbreitung: Von den Pyrenäen bis zur Balkanhalb-
insel; Skandinavien.
Ähnliche Art: Rotes Kohlrös-
chen *(N. miniata)*, Blütenstand walzenförmig, hellrot,
Lippe eiförmig, zugespitzt; in
den Alpen, zerstreut.

Wissenschaftlicher Name:
Cephalanthera rubra
Familie: Orchideen-
gewächse
Aussehen: Bis 50 cm hohe
Pflanze. Stengel beblättert,
im oberen Teil dicht mit kurzen Drüsenhaaren besetzt.
Blätter oval bis lanzettlich,
6–12 cm lang. Blütenstand
locker, 4- bis 12blütig;
Tragblätter der Blüten so
lang wie der Fruchtknoten
oder länger; die äußeren
und die 2 oberen inneren
Blütenhüllblätter 15–20 mm
lang, spitz, alle glockenförmig zusammenneigend und
die Lippe meist verdeckend;
Lippe ungeteilt, kürzer als
die übrigen Blütenhüllblätter, mit einem tiefen Einschnitt zwischen der unteren
und oberen Hälfte; Sporn
fehlend.
Blütezeit: VI–VII
Standort: Trockene Laub-
und Kiefernwälder; auf
Kalk.
Verbreitung: Europa mit
Ausnahme des Nordens;
Nordafrika, Kleinasien.

Wissenschaftlicher Name:
Polygonum bistorta
Familie: Knöterichgewächse
Aussehen: Bis 80 cm hohe, kahle Pflanze. Wurzelstock dick walzlich, schlangenartig gekrümmt. Stengel aufrecht, unverzweigt, mit weit voneinander entfernt stehenden Blättern. Grund- und untere Stengelblätter oval mit herzförmigem Grund, bis 20 cm lang, mit einem langen, fast 3kantigen, welliggeflügelten Stiel; die oberen lanzettlich bis linealisch, kurzgestielt bis sitzend. Blüten in einer endständigen, dichten, zylindrischen Ähre; Blütenhülle nicht in Kelch und Krone gegliedert, ihre 5 Blätter rosa bis rot, 3–5 mm lang. Frucht eine 4–5 mm lange, dunkelbraun glänzende, 3kantige Nuß.
Blütezeit: V–VII
Standort: Feuchte Fettwiesen, Hochstaudenfluren, Erlengebüsch.
Verbreitung: West- und Mitteleuropa, in Südeuropa nur in den Gebirgen; Nordasien.

Kuckucks-Lichtnelke

Wissenschaftlicher Name:
Lychnis flos-cuculi
Familie: Nelkengewächse
Aussehen: Bis 90 cm hohe, fast kahle Pflanze mit aufrechten, unverzweigten, unter den Knoten etwas klebrigem Stengel. Grundblätter länglich-spatelig, kurzgestielt; Stengelblätter lineallanzettlich, sitzend, gegenständig. Blüten 5zählig, rispenartig angeordnet, kurzgestielt; Kronblätter 4spaltig, 15–25 mm lang, am Grund stielartig verschmälert, vorne verbreitert, mit schmalen Zipfeln, am Schlundeingang mit 2teiliger, 3 mm hoher Schuppe. 5 Griffel, 10 Staubblätter, Kelch 6–9 mm lang, röhrenförmig, mit kurzen Zähnen, kahl, grün oder rosa mit 10 dunklen Rippen.
Blütezeit: V–VIII
Standort: Flachmoore, feuchte Wiesen, Auwälder.
Verbreitung: Fast ganz Europa, nördlich bis Island; Sibirien, Kaukasus.

Wissenschaftlicher Name:
Silene acaulis
Familie: Nelkengewächse
Aussehen: Die Pflanze bildet dichte, flache, moosähnliche, reichblühende Polster. Blätter dicht gedrängt, linealisch, 1nervig, 5–12 mm lang. Blüten einzeln auf kurzen Stielen über die Polster ragend; Kronblätter leuchtend rot oder rosa, selten weiß, 6–14 mm lang, ausgerandet; Kelch länglich, walzenförmig.

Blütezeit: VI–IX
Standort: Felsspalten, Felsschutt (Schuttstauer), Rasengesellschaften.
Verbreitung: Von den Pyrenäen bis zur Balkanhalbinsel und zum Ural; auch im arktischen Asien und Nordamerika.
Hinweis: Sippe der Kalkalpen mit aufgelockerten, großblütigen Polstern; Sippe der Krummseggenrasen auf Silikatböden mit dichten Polstern, klein- und blaßblütig.

Wissenschaftlicher Name:
Dianthus deltoides
Familie: Nelkengewächse
Aussehen: Bis 40 cm hohe,
lockerrasig wachsende
Pflanze mit dünnem, krie-
chendem Wurzelstock und
sterilen Trieben. Stengel aufrecht, oben wenig verzweigt,
kurzhaarig. Grundblätter bis
3 cm lang, schmal-spatelig,
stumpf, an blühenden Stengeln meist verwelkt; Stengelblätter spitz. Blüten einzeln
an den Ästen, langgestielt,
5teilig; Kronblätter purpur-
bis violettrot, hell gepunktet,
am Rand gezähnt; Kelch
10–15 mm lang, zylindrisch,
5zähnig, grün oder rötlich,
am Grund mit 2 kurzen, grünen, eiförmigen, in eine
Granne zugespitzten Kelch-
schuppen. Frucht eine Kapsel.
Blütezeit: VI–IX
Standort: Trockene Rasen,
Heidewiesen, trockene,
lichte Wälder; hauptsächlich
auf Sand, fehlt auf Kalk.
Verbreitung: Fast ganz
Europa; Westasien.

Wissenschaftlicher Name:
Thalictrum aquilegifolium
Familie: Hahnenfuß-
gewächse
Aussehen: Bis 1,5 m hohe,
kahle Pflanze. Blätter mehrfach gefiedert, am Grund
des Blattstiels und an den
Abzweigungen der Fieder-
stiele mit breiten, knorpelig
wirkenden Auswüchsen,
Blättchen bläulich bereift,
verkehrteiförmig, vorne gelappt oder eingeschnitten
gekerbt. Blüten meist zahlreich, aufrecht; Kelchblätter
bis 6 mm, grünlich, bald abfallend; Kronblätter fehlen,
Staubblätter zahlreich,
Staubfäden nach vorne keu-
lig verdickt, lila bis weißlich;
Früchtchen bis 7 mm lang,
3kantig, geflügelt, lang-
gestielt, hängend.
Blütezeit: VI–VIII
Standort: Feuchte Auwälder,
Hochstaudenfluren, Bach-
ufer; bis 2000 m Höhe.
Verbreitung: Alpen; von
Nordspanien, Norditalien
und Zentralfrankreich bis zur
Wolga.

Hohler Lerchensporn

Wissenschaftlicher Name:
Corydalis cava
Familie: Erdrauchgewächse
Aussehen: Bis 20 cm hohe,
kahle, unverzweigte Pflanze
mit einer kugeligen, im Alter
hohlen Knolle. Stengel meist
mit 2 Blättern, unter dem
untersten Blatt ohne
Schuppe. Blätter gestielt,
tief geteilt, mit gezähnten
Abschnitten blaugrün. Blüten purpurn oder weiß, in
einer dichten Traube ste-
hend; Tragblätter eiförmig,
ganzrandig; Kelchblätter
klein, 0,5 mm lang; Krone
2lippig, bis 3 cm lang, am
Grund mit einem an der
Spitze abwärts gekrümmten
Sporn, der so lang ist wie
der Rest der Blüte.
Blütezeit: III–V
Standort: Laubwälder,
Parks; auf feuchten, nährstoffreichen Böden.
Verbreitung: Große Gebiete
Europas, nördlich bis Südschweden.

Gemeiner Erdrauch

Wissenschaftlicher Name:
Fumaria officinalis
Familie: Erdrauchgewächse
Aussehen: Bis 30 cm hohe, kahle Pflanze. Stengel verzweigt. Blätter gestielt, blaugrün, 2fach gefiedert; Teilblättchen tief geteilt, ihre Zipfel 3- bis 4mal so lang wie breit. Blütenstand 10- bis 50blütig; Tragblätter klein, ½ bis ⅔ so lang wie die Fruchtstiele; 2 Kelchblätter, seitlich an der Blüte, gezähnt, 1,5–2 mm lang; Krone 6–9 mm lang, 2lippig, am Grunde mit einem dicken, stumpfen Sporn. Frucht eine gestielte, fast kugelige, an der Spitze eingedrückte Nuß von 2–3 mm Durchmesser.
Blütezeit: IV–X
Standort: Äcker, Gärten, Weinberge.
Verbreitung: Europa; Westasien, Nordafrika.
Ähnliche Art: <u>Buschiger Erdrauch</u> *(F. vaillantii),* Blattzipfel 4- bis 6mal so lang wie breit, Kelchblätter 0,5–1 mm lang, blaßrosa, Frucht kugelig mit kleinem Spitzchen.

Klatschmohn

Wissenschaftlicher Name:
Papaver rhoeas
Familie: Mohngewächse
Aussehen: Bis 70 cm hohe, anliegend- oder abstehendbehaarte Pflanze. Stengel aufrecht. Blätter länglich, fiederteilig mit gezähnten Abschnitten, die unteren stielartig verschmälert, die oberen sitzend. Blüten einzeln, endständig, bis 8 cm breit. 2 Kelchblätter, grün, abstehend, borstigbehaart, rasch abfallend. 4 Kronblätter, scharlachrot, am Grund mit einem oft weißberandeten, tiefschwarzen Fleck. Zahlreiche Staubblätter. Frucht eine verkehrteiförmige, 1–2 cm lange Kapsel, an der Spitze mit 8–18 scheibenförmig verwachsenen Narbenstrahlen, darunter ebensovielen Öffnungsporen. Samen klein, nierenförmig, dunkelbraun, netzig-grubig. Die ganze Pflanze enthält Milchsaft.
Blütezeit: V–VII
Standort: Getreidefelder, Schuttplätze.
Verbreitung: Fast weltweit.

Wissenschaftlicher Name:
Lunaria rediviva
Familie: Kreuzblütler
Aussehen: Bis 1,5 m hohe
Pflanze. Stengel aufrecht,
verzweigt, unten abstehend
behaart. Blätter herzförmig,
zugespitzt, spitz gezähnt,
behaart, auch die obersten
deutlich gestielt. Kronblätter
12–20 mm lang, blaß pur-
purrosa bis violett, seltener
weiß. Frucht (Schötchen) elliptisch, bis 9 cm lang und
bis 3,5 cm breit, an beiden
Enden zugespitzt, flach;
Schötchenklappen am Rand
kahl, lösen sich bei der
Reife ab, während dünne,
silbrige Scheidewand ste-
hen bleibt (Name!).
Blütezeit: V–VII
Standort: Schattige, feuchte
Schlucht- und Bergwälder;
auf humusreichen Stein-
schuttböden.
Verbreitung: Fast ganz
Europa mit Ausnahme des
äußersten Nordens und
Südens.

Wiesen-Schaumkraut

Wissenschaftlicher Name:
Cardamine pratensis
Familie: Kreuzblütler
Aussehen: Bis 30 cm hohe, fast vollständig kahle Pflanze ohne Ausläufer, mit aufrechtem, rundem Stengel. Grundblätter in Rosetten, gestielt 3- bis 11zählig gefiedert, mit 4–14 rundlichen seitlichen Blättchen und etwas größerem, bis 1,5 cm breitem Endblättchen; Stengelblätter sitzend, kleiner und weniger zerteilt, mit schmalen, ganzrandigen Abschnitten. Blütenstand blattlos; Blüten 4zählig, bis 1 cm breit; Kelchblätter 2,8–5 mm lang, Kronblätter 8–15 mm lang, vorne rund oder etwas ausgebuchtet, hellila oder weiß; 4 Staubblätter, Staubbeutel gelb. Frucht eine Schote, linealisch, bis 4 cm lang, bis 1,5 mm breit, lang gestielt.
Blütezeit: V–VII
Standort: Feuchte Wiesen, Gebüsche, Auwälder.
Verbreitung: Europa mit Ausnahme des äußersten Südens; Asien, Nordamerika.

Wissenschaftlicher Name:
Sanguisorba officinalis
Familie: Rosengewächse
Aussehen: Bis 90 cm hohe, meist ganz kahle Pflanze mit aufrechtem, im unteren Teil wenig beblättertem, oben verzweigtem Stengel. Blätter unpaarig gefiedert, mit 7–15 kurz gestielten, eiförmigen, grobgezähnten Blättchen; Grundblätter in Rosetten; Stengelblätter wechselständig, kleiner. Blüten braunrot, klein, in dichten, eiförmig-kugeligen Blütenständen; Kelch verwachsen, mit 4 eiförmigen, 3–4 mm langen Kelchzähnen, Krone fehlt, 4 Staubblätter. Frucht im verhärteten, 4kantigen Kelch eingeschlossen.
Blütezeit: VI–IX
Standort: Flachmoore, Streu- und Goldhaferwiesen, Gräben, Wegränder.
Verbreitung: Von den nordspanischen Gebirgen durch ganz Europa bis Japan und China; im nordwestdeutschen Flachland weithin fehlend.

Rot-Klee

Wissenschaftlicher Name:
Trifolium pratense
Familie: Schmetterlings-
blütler
Aussehen: Bis 50 cm hohe,
anliegend oder abstehend
behaarte Pflanze. Stengel
meist verzweigt, beblättert,
Blätter meist 3zählig; Blättchen verkehrteiförmig bis
elliptisch, oft etwas ausgerandet, zumindest unterseits
behaart, oberseits oft mit
heller Zeichnung. Blüten in
dichten, kugeligen, von den
obersten Blättern umgebe-
nen Köpfen, rot, in den
Alpen auch weißlich. Krone
1,3–1,8 cm lang; Kelch
10nervig, röhrig-glockig.
Frucht von Kelch und ver-
trockneter Blüte einge-
schlossen.
Blütezeit: V–X
Standort: Mähwiesen, Weiden; besonders auf Kalk.
Verbreitung: Ganz Europa,
Asien bis zum Altai; durch
Anbau fast weltweit ver-
breitet.

Wissenschaftlicher Name:
Trifolium alpinum
Familie: Schmetterlings-
blütler
Aussehen: 5–15 cm hohe,
stengellose Pflanze mit bis
zu 1 m langer Pfahlwurzel.
Blätter grundständig, langgestielt, 3zählig, mit schmalen, bis 10 cm langen, kahlen Blättchen. Blüten aufrecht, gestielt, fleischrot bis
purpurrot, duftend, in lockeren, langgestielten Köpf-
chen. Krone 15–25 mm
lang, nach dem Verblühen
braun, nicht abfallend;
Kelch verwachsen, 10ner-
vig, kahl, mit schmal dreieckigen Kelchzipfeln.
Blütezeit: VI–VIII
Standort: Tiefgründige
Böden, dichte Rasenbe-
stände; meist auf Silikat-
gestein.
Verbreitung: Von den nordspanischen Gebirgen bis
nach Siebenbürgen; fehlt in
den nördlichen Kalkalpen
von Österreich und Bayern
sowie in den südlichen Kalkalpen östlich von Sexten.

Dornige Hauhechel

Wissenschaftlicher Name:
Ononis spinosa
Familie: Schmetterlingsblütler
Aussehen: Bis 50 cm hohe, dornige Pflanze. Stengel meist aufrecht, verzweigt, mit 1–2 Reihen von Drüsenhaaren besetzt, sonst kahl. Untere Blätter 3teilig, obere ungeteilt; Blättchen schmalelliptisch, feingezähnt. Blüten kurzgestielt, einzeln in den Blattachseln. Krone 1 bis 2,5 cm lang. Hülsen eiförmig, so lang wie der Kelch oder länger.

Blütezeit: VII–X
Standort: Trockenrasen, Ödland, Wegränder.
Verbreitung: Mitteleuropa.
Ähnliche Arten: Kriechende Hauhechel *(O. repens)*, Stengel niederliegend bis aufsteigend, ringsum drüsigzottig, Hülse kürzer als der Kelch; an ähnlichen Standorten. – Bockshauhechel *(O. arvensis)*, Stengel aufrecht, ringsum drüsig-zottig, Blüten zu 2 bis 3 in den Blattachseln; an ähnlichen Standorten.

Wissenschaftlicher Name:
Onobrychis viciifolia
Familie: Schmetterlings-
blütler
Aussehen: Bis 60 cm hohe
Pflanze mit aufrechtem, beblättertem, zerstreut behaartem, meist verzweigtem Stengel. Blätter bis 15 cm lang,
einfach gefiedert, die obersten scheinbar gegenstän-
dig; Blättchen elliptisch bis
länglich, unterseits behaart;
Nebenblätter groß, frei oder
verwachsen. Blüten rosa bis
kräftig rot in vielblütigen,
langgestielten Ähren, Kronblätter ungleich, dunkel ge-
adert, bis 15 mm lang; Kelch
verwachsen, Kelchzähne
lang zugespitzt. Frucht kurzhaarig, halbkreisförmig, bis
10 mm lang.
Blütezeit: V–VII
Standort: Trockene Rasen,
Mähwiesen, auch Weg-
ränder; auf Kalk.
Verbreitung: In Europa allge-
mein angebaut und verwil-
dert; stellenweise fehlend
oder selten (Silikatgebirge,
Norddeutschland).

Alpen-Süßklee

Wissenschaftlicher Name:
Hedysarum hedysaroides
Familie: Schmetterlings-
blütler
Aussehen: 5–25 cm, selten
bis 60 cm hohe Pflanze mit
unverzweigtem, aufrechtem,
reich beblättertem Stengel.
Blätter unpaarig gefiedert,
mit bis zu 10 Paar eiförmigen bis lanzettlichen, ganzrandigen, kahlen, oberseits
dunkelgrünen, unterseits
hellgrünen Blättchen. Blüten
leuchtend purpurrot, etwa
2 cm lang, meist hängend,
zu 10 bis 50 in einer endständigen, einseitswendi-
gen Traube. Fruchthülsen
flachgedrückt, 2–4 cm lang,
gegliedert.
Blütezeit: VII–VIII
Standort: Bergwiesen, gelegentlich Zwergstrauch-
bestände und Hochstau-
denfluren; auf kalkigen,
steinigen Böden.
Verbreitung: Von den Pyrenäen bis Kleinasien.

Wissenschaftlicher Name:
Geranium robertianum
Familie: Storchschnabel-
gewächse
Aussehen: Bis 50 cm hohe,
unangenehm riechende,
zerstreut behaarte Pflanze.
Blätter am Stengel gegen-
ständig, im Umriß 3- bis
5eckig, bis zum Grund 3-
bis 5teilig. Abschnitte tief
zerteilt. Blüten meist paarweise, kurzgestielt; Blütenstiele und Kelche mit drüsenlosen und drüsigen
Haaren; Kelchblätter 6 bis

8 mm lang, aufrecht, mit
aufgesetzter Spitze; Kronblätter 9–12 mm lang, vorn
abgerundet; Staubbeutel
orange. Frucht 1,5–2,5 cm
lang.
Blütezeit: V–X
Standort: Schattige
Schlucht- und Auwälder,
Gebüsche, Schlagfluren.
Verbreitung: Europa; fast
ganz Asien, Nordamerika,
Nordafrika.

Wissenschaftlicher Name:
Geranium palustre
Familie: Storchschnabel-
gewächse
Aussehen: Bis 60 cm hohe
Pflanze mit oben rückwärts
behaartem, gabelig ver-
zweigtem Stengel. Grund-
blätter und unterste Stengelblätter lang gestielt, rauh
behaart, mit 5–7 tief fieder-
spaltigen, gezähnten Ab-
schnitten; Stengelblätter gegenständig, klein. Blüten
5zählig, radiär; Blütenstiele
nach dem Verblühen ab-
wärts gebogen; Kronblätter
bis 2 cm lang, verkehrteiförmig, hell purpurrot; Fruchtknoten oberständig, lang
geschnäbelt, Frucht bis 3 cm
lang.
Blütezeit: VI–VIII
Standort: Sümpfe, Bachufer,
Ufergebüsche; auf nähr-
stoffreichen, kalkhaltigen
Böden.
Verbreitung: Fast ganz
Europa.

Wissenschaftlicher Name:
Geranium sylvaticum
Familie: Storchschnabel-
gewächse
Aussehen: Bis 70 cm hohe,
oft mehrstengelige, oben
drüsig behaarte Pflanze.
Stengel aufrecht, gabelig
verzweigt. Grundblätter
langgestielt, bis 15 cm breit,
mit 5–7 grob und unregel-
mäßig gezähnten Lappen;
obere Stengelblätter klein,
gegenständig. Blüten paarweise, meist in straußarti-
gen Blütenständen; Kelch-
blätter drüsig-zottig, mit
Granne, Kronblätter kräftig
rotviolett, ausgebreitet, bis
2 cm lang, vorn abgerun-
det. Frucht bis 3 cm lang.
Blütezeit: VI–VIII
Standort: Hochstaudenfluren, Bergwiesen, Lat-
schengebüsche, lichte Bergwälder.
Verbreitung: Höhere Ge-
birgslagen von Spanien bis
Sibirien.

Wissenschaftlicher Name:
Dictamnus albus
Familie: Rautengewächse
Aussehen: Bis 1,2 m hohe, nach Zimt duftende, vor allem im oberen Teil mit zahlreichen schwarzen Drüsenpunkten versehene, abstehendbehaarte Pflanze. Blätter gestielt, gefiedert, mit 7–11 eiförmigen, feingezähnten, durchscheinend punktierten Blättchen. Blüten in einer Traube, mit bis 2,5 cm langen, drüsigen Stielen. 5 Kelchblätter, länglich, etwas ungleich. Krone 5teilig; Kronblätter breitlanzettlich, spitz, 2–2,5 cm lang, die 4 oberen aufrecht, das untere herabgezogen. 10 Staubblätter, nach vorne gebogen. Frucht 1 cm lang, 5teilig.
Blütezeit: V–VI
Standort: Trockenhänge, lichte Wälder, Gebüsche.
Verbreitung: Mittel- und Südeuropa; Asien.

Wilde Malve

Wissenschaftlicher Name:
Malva sylvestris
Familie: Malvengewächse
Aussehen: Bis 1,2 m hohe, behaarte Pflanze. Stengel beblättert, niederliegend oder aufsteigend. Blätter gestielt, höchstens auf ⅓ (3-)5- bis 7teilig, Blattlappen eiförmig, gezähnt. Blüten gestielt, in Büscheln in den Blattachseln; 5 Kelchblätter, bis zur Mitte verwachsen; 2 bis 3 freie Außenkelchblätter am Grund des Kelches; Kronblätter 2—3 cm lang, tief ausgerandet, mit dunklen Nerven, am Grund verwachsen. Staubblätter zahlreich, zu einer Röhre verwachsen. Frucht etwa 1 cm breit; Teilfrüchte auf dem Rücken mit unregelmäßigen eckigen Grübchen, an den Seiten mit undeutlicher strahliger Zeichnung.
Blütezeit: V—IX
Standort: Wegränder, Ödplätze, Straßenböschungen, Äcker.
Verbreitung: Fast weltweit.

Wissenschaftlicher Name:
Daphne mezereum
Familie: Seidelbast-
gewächse
Aussehen: Bis 2 m hoher
sommergrüner Strauch.
Blätter bis 8 cm lang, bis
3 cm breit, länglich, kahl
oder gewimpert, dünn, in
einen kurzen Blattstiel verschmälert. Blüten purpur-
rosa, stark duftend, vor den
Blättern erscheinend, in
traubenartigen Blütenständen, ohne Kronblätter (als
Blüte wirkt der röhrenför-
mige Kelch mit 4 ausgebreiteten Kelchzipfeln); Kelchröhre außen dicht behaart.
Frucht glänzend rot.
Blütezeit: III–IV (V)
Standort: Laubwälder, Gebüsche, Hochstaudenfluren;
in den Alpen bis zur Wald-
grenze; auf Kalk.
Verbreitung: Weite Gebiete
Europas.
Wichtig: Die Pflanze ist
giftig!

Wissenschaftlicher Name:
Lythrum salicaria
Familie: Weiderichgewächse
Aussehen: Bis 2 m hohe, abstehend behaarte Pflanze. Stengel aufrecht, kantig, beblättert. Blätter bis 10 cm lang, lanzettlich, sitzend, am Grund abgerundet, die untersten gegenständig oder in 3zähligen Quirlen, die mittleren wechselständig oder gegenständig, die oberen wechselständig. Blütenstände meist mehr als 10 cm lang; Blüten sehr kurz gestielt, in Gruppen in den Achseln von Tragblättern; Kelch 5–7 mm lang, 12rippig; 6 Kelchzähne und dazwischen längere, ähnliche Gebilde (Außenkelch); 6 Kronblätter, 8–12 mm lang, purpurrot, violett, gelegentlich rosa oder selten weiß.
Blütezeit: VI–IX
Standort: Flachmoore, Gräben, Ufer, Verlandungsgesellschaften.
Verbreitung: Fast ganz Europa; ostwärts bis Japan, Nordafrika.

Wissenschaftlicher Name:
Epilobium angustifolium
Familie: Nachtkerzengewächse
Aussehen: Bis 1,8 m hohe Pflanze mit aufrechtem, beblättertem Stengel. Blätter wechselständig, lanzettlich, mehrnervig, bis 15 cm lang, bis 2 cm breit, mit nach unten gebogenem Rand, oberseits dunkelgrün, unterseits blaugrün. Blüten 4zählig, bis 3 cm breit, in einer endständigen Traube; Kelchblätter schmal, fast so lang wie die Kronblätter, rötlich; Kronblätter ungleich groß, rundlich, ausgebreitet. Frucht eine bis 5 cm lange, kurz behaarte, oft rot überlaufene Kapsel.
Blütezeit: VI–IX
Standort: Waldschläge, Wegränder, Gebüsche, Hochstaudenfluren.
Verbreitung: Fast ganz Europa; Asien, Nordamerika.

Wissenschaftlicher Name:
Epilobium hirsutum
Familie: Nachtkerzen-
gewächse
Aussehen: Bis 1,5 m hohe,
dicht abstehend behaarte
Pflanze mit verzweigtem, im
Blütenstand drüsig behaartem, beblättertem Stengel
und Ausläufern. Blätter lanzettlich bis elliptisch, gezähnt,
in der unteren Stengelhälfte
gegenständig, oft stengelumfassend, nach oben zu
wechselständig. Blüten einzeln in den Achseln der oberen Stengelblätter; 4 Kelchblätter, 8–10 mm lang, allmählich zugespitzt; 4 Kronblätter, 12–18 mm lang, vorn
ausgerandet; Narben sternförmig abstehend. Frucht bis
5 cm lang, 4kantig; Samen
klein, zahlreich, mit weißem
Haarschopf.
Blütezeit: VI–IX
Standort: Bach- und Flußufer,
Gräben, Hochstaudenfluren.
Verbreitung: Fast ganz
Europa; große Gebiete
Asiens, Nordafrika, Teile
Nordamerikas.

Wissenschaftlicher Name:
Erica herbacea
Familie: Heidekraut-
gewächse
Aussehen: Bis 30 cm hoher,
reich verzweigter Zwerg-
strauch mit dünnen Ästen.
Blätter nadelartig, immergrün, quirlständig, bis 1 cm
lang. Blüten gestielt, in ein-
seitswendigen Trauben;
Krone schmal glockig, rosa,
an der Spitze 4zähnig, bis
5 mm lang; Kelchblätter rötlich, trockenhäutig; 8 Staubblätter, Staubbeutel dunkelbraun, aus der Kronröhre
herausragend. Frucht eine
Kapsel.
Blütezeit: III–VI
Standort: Felsschutt, alpine
Rasen, Latschengebüsche,
lichte Nadelwälder; auf
Kalk.
Verbreitung: Alpen östlich
des Genfer Sees; Seealpen,
Tatra, Apennin, Slowenien.
In Flußtälern und Heidewiesen bis weit ins Vorland.

Wissenschaftlicher Name:
Rhododendron ferrugineum
Familie: Heidekraut-
gewächse
Aussehen: Bis 1,5 m hoher
Strauch. Blätter an den
Zweigenden gehäuft,
schmal-elliptisch, an den
Rändern umgerollt, lederig,
immergrün, oberseits dun-
kelgrün, unterseits dicht
gelbgrün, später rostbraun
schuppig. Blüten mit glocki-
ger Krone, dunkelrot bis
purpurn, in doldenähnlichen
Blütenständen.

Blütezeit: V–VIII
Standort: Vom Felsschutt bis
in lichte Bergwälder; auf
kalkfreien oder kalkarmen
Böden.
Verbreitung: Vor allem in
den Silikatgebieten der
Alpen.
Ähnliche Art: Bewimperte
Alpenrose *(R. hirsutum)*,
Blätter beiderseits grün,
langhaarig bewimpert, Blü-
ten hellrot; in den Kalk-
gebieten der Ostalpen.

Zwerg-Alpenrose

Wissenschaftlicher Name:
Rhodothamnus chamaecistus
Familie: Heidekraut-
gewächse
Aussehen: 10–30 cm hoher,
locker verzweigter Zwerg-
strauch. Blätter länglich-lan-
zettlich, spitz, gesägt, bewimpert, immergrün, an
den Astspitzen dichter stehend. Blüten meist paar-
weise langgestielt, aufrecht;
Krone rosarot, ausgebreitet,
bis zu 3 cm breit, fast bis
zum Grund 5lappig; Staub-
beutel schwarzbraun;
lütenstiele und Kelch drüsenhaarig.
Blütezeit: V–VII
Standort: Felsspalten und
Felsschutt, seltener Lat-
schen- und Alpenrosen-
gebüsche; stets auf Kalk
oder Dolomit; in etwa
1000–2000 m Höhe.
Verbreitung: Ostalpen, vom
Comersee, Eisack, Allgäu
bis Niederösterreich und
Kroatien.

Wissenschaftlicher Name:
Calluna vulgaris
Familie: Heidekrautgewächse
Aussehen: Bis 1 m hoher Zwergstrauch mit reichverzweigten Stengeln und Ästen. Blätter immergrün, -zeilig angeordnet, einander dachziegelartig deckend, linealisch bis schmallanzettlich, 1–3,5 mm lang, nach oben eingerollt, sitzend. Blütenstand einseitswendig, dicht- und reichblütig. Blüten am Grund von 4 kleinen Hochblättchen umgeben. 4 Kelchblätter, eiförmig, rosa, 4 mm lang, glockig zusammenneigend. Kronblätter halb so lang wie der Kelch, bis zur Mitte verwachsen. 8 Staubblätter; Staubbeutel an der Spitze mit 2 auswärts gekrümmten Hörnchen.
Blütezeit: VII–XI
Standort: Heiden, Moore, Kiefernwälder, Sanddünen, auf nährstoffarmen Böden.
Verbreitung: Fast ganz Europa, Westsibirien; in Nordamerika eingebürgert.

Wissenschaftlicher Name:
Vaccinium myrtillus
Familie: Heidekraut-
gewächse
Aussehen: Bis 50 cm hohe,
sommergrüne, stark ver-
zweigte, unten verholzende
Pflanze mit 3kantigen, kahlen, grünen Zweigen. Blätter
bis 3 cm lang, eiförmig,
spitz, mit flachem, fein gezähntem Rand. Blüten grünlich, 4- oder 5teilig, meist
einzeln in den Blattachseln;
Kelch kaum gelappt; Krone
4–6 mm lang, fast kugelig,
blaßgrün, rot überlaufen;
Kronlappen kurz, zurückgeschlagen. Frucht eine blau-
schwarze Beere von
5–8 mm Durchmesser, in
der Mitte mit dem Griffelrest
gekrönt.
Blütezeit: IV–VIII
Standort: Nadel- und Laubwälder; auf nährstoffarmen,
sauren Böden.
Verbreitung: Fast ganz
Europa, im Süden nur im
Gebirge.

Wissenschaftlicher Name: *Primula farinosa*
Familie: Primelgewächse
Aussehen: Bis 30 cm hohe Pflanze. Blätter in Rosetten, jung nach rückwärts eingerollt, verkehrteiförmig, oberseits etwas glänzend, schwach runzelig, auf der Unterseite weiß-mehlig, am Rand kerbig gesägt. Blüten auf einem oben mehlig bestäubten Schaft; Krone 5lappig, 8–15 mm breit; Kelch etwa so lang wie die Kronröhre.

Blütezeit: V–VII
Standort: Flachmoore, Rasen, Felsschutt; von der Ebene bis über die Baumgrenze.
Verbreitung: Alpen, Alpenvorland, Gebirge Europas; Polargebiete.
Ähnliche Art: Hallers Primel *(P. halleri)*, Blüten 2–3 cm lang, Kelch höchstens halb so lang wie die Kronröhre, Blätter unterseits gelblich; in den Südalpen.

Wissenschaftlicher Name:
Gentiana germanica
Familie: Enziangewächse
Aussehen: Bis 50 cm hohe, kahle, oft reichverzweigte Pflanze. Grundblätter verkehrteiförmig, zur Blütezeit meist vertrocknet, Stengelblätter eiförmig, spitz. Blüten 5zählig, im Schlund bärtig, meist rot violett, gelegentlich weiß. Kelch röhrig, der Krone anliegend; Kelchzipfel lanzettlich, am Rand glatt.
Blütezeit: V–X

Standort: Magere Wiesen, Weiden, Flachmoore.
Verbreitung: In mehreren sehr ähnlichen Sippen in Mitteleuropa und Skandinavien.
Ähnliche Arten: Rauher Enzian *(G. aspera)*, Kelchzipfel mit rauhem Rand; Ostalpen, Alpenvorland, Fränkischer Jura. Feld-Enzian *(G. campestris)*, Blüten 4zählig; Nordeuropa, südlich bis zu den Pyrenäen, den Alpen und zum nördlichen Apennin.

Wissenschaftlicher Name:
Gentiana purpurea
Familie: Enziangewächse
Aussehen: Bis 60 cm hohe,
kahle Pflanze mit einem kräftigen, walzlichen Wurzel-
stock. Stengel aufrecht, hohl.
Blätter kreuzgegenständig,
schmaleiförmig, 5nervig, die
unteren gestielt, die oberen
sitzend. Blüten in den Achseln der obersten Blätter, zu
5–10 kopfig gehäuft. Kelch
glockig, 2teilig, einseitig bis
fast zum Grund aufgeschlitzt.
Krone bis 3,5 cm lang

glockig, nach oben erweitert,
mit 5–8 stumpfen, 1 cm langen Zipfeln, außen rot, innen
gelblich. Staubbeutel ver-
klebt.
Blütezeit: VII–IX
Standort: Almweiden, Hochstaudenfluren, Bergwälder.
Verbreitung: Westalpen,
Apennin, Gebirge Nor-
wegens.
Ähnliche Art: Ungarischer
Enzian *(G. pannonica)*, Kelch
glockig, mit 5–8 nach außen
gebogenen Zipfeln; in den
Ostalpen und den Karpaten.

Wissenschaftlicher Name:
Centaurium erythraea
Familie: Enziangewächse
Aussehen: Bis 30 cm hohe, kahle Pflanze. Stengel einfach, erst im oberen Teil verzweigt, 4kantig. Untere Blätter in einer Rosette angeordnet, schmaleiförmig, ganzrandig; Stengelblätter kreuzgegenständig, länglich bis lanzettlich, spitz, sitzend. Blütenstand eine Trugdolde. Blüten gestielt, Blütenstiele geflügelt. Kelch beim Aufblühen halb so lang wie die Kronröhre, tief 5teilig, Kelchzähne fein zugespitzt, 3nervig. Krone 10–15 mm lang, mit langer, schmaler Röhre und mit 5 flach ausgebreiteten, elliptischen, stumpfen, 5–8 mm langen Zipfeln. Fruchtkapsel zylindrisch, 7–10 mm lang.
Blütezeit: VII–IX
Standort: Wiesen, Waldlichtungen, Trockenhänge.
Verbreitung: Europa; Asien, Nordafrika.

Edelgamander

Wissenschaftlicher Name:
Teucrium chamaedrys
Familie: Lippenblütler
Aussehen: Bis 30 cm hohe Pflanze mit am Grund verholzenden Stengeln, ringsum oder in 2 Längsreihen behaart. Blätter gegenständig, eiförmig, grobgezähnt oder gekerbt, im Blütenstand höchstens so lang wie die Blüten. Blüten zu mehreren in den Achseln der oberen Blätter, kurzgestielt. Kelch röhrigglockig, 6–8 mm lang, 5zähnig, undeutlich 2lippig, behaart. Krone 10–12 mm lang, scheinbar nur mit Unterlippe (Oberlippe 2teilig, die Teile seitlich herabgerückt). Staubblätter und Griffel weit aus der Kronröhre hervorragend. Ganze Pflanze beim Zerreiben würzig riechend.
Blütezeit: VII–VIII
Standort: Felshänge, Trockenrasen, lichte Wälder; vorwiegend auf Kalk.
Verbreitung: Große Gebiete Europas; Kleinasien, Nordafrika.

Wissenschaftlicher Name:
Stachys officinalis
Familie: Lippenblütler
Aussehen: Bis 70 cm hohe Pflanze, zur Blütezeit mit sterilen Blattrosetten. Stengel 4kantig, lockerbehaart. Grundständige Blätter schmaleiförmig mit herzförmigem Grund, gekerbt, langgestielt; Stengelblätter in nur 2–3 gegenständigen Paaren. Blütenstand eine dichte oder im unteren Teil unterbrochene Scheinähre. Blüten in bis 10blütigen Scheinquirlen in den Achseln kleiner, sitzender Tragblätter. Kelch glockig, 5–7 mm lang, fast gleichmäßig 5zähnig. Krone 1 bis 1,5 cm lang, mit fast flacher Oberlippe und etwas längerer, 3lappiger Unterlippe. Staubblätter nicht unter der Oberlippe hervorragend.
Blütezeit: VII–IX
Standort: Trockenrasen, Streuwiesen, lichte Wälder.
Verbreitung: Fast ganz Europa; Westasien, Nordafrika.

Wissenschaftlicher Name:
Stachys sylvatica
Familie: Lippenblütler
Aussehen: Bis 1 m hohe, unangenehm riechende
Pflanze mit langen unterirdischen Ausläufern. Stengel
4kantig, abstehend be-
haart. Blätter gestielt,
schmal herzförmig, grob
und spitz gezähnt, bis 10 cm
lang, behaart. Blüten kurzgestielt, in quirlartigen Blütenständen am Stengel-
ende; Kelch dicht behaart,
4–7 mm lang; Krone

1,2–1,5 cm lang, rotbraun,
außen kurz behaart; Ober-
lippe ganzrandig, Unter-
lippe 3teilig, dunkel ge-
zeichnet.
Blütezeit: VI–IX
Standort: Laub- und Auwälder, Gebüsche, Wald-
schläge.
Verbreitung: Fast ganz
Europa; im Süden nur im
Gebirge; große Gebiete
Asiens.

Wissenschaftlicher Name:
Origanum vulgare
Familie: Lippenblütler
Aussehen: Aromatisch riechende, bis 50 cm hohe, behaarte Pflanze. Stengel im unteren Teil sterile Kurzsprosse tragend, im oberen Teil verzweigt. Blätter gegenständig, oval, ganzrandig, die unteren gestielt, die oberen fast sitzend; Tragblätter des Blütenstandes klein, 3–6 mm lang, meist kahl und purpurn gefärbt. Blütenstände endständig oder an den Enden der Seitenäste, kugelige bis trugdoldige Rispen bildend. Blüten zu 1–3 in den Achseln der Tragblätter. Kelch glockig, 2,5–3,5 mm lang mit 5 gleichartigen dreieckigen Zähnen. Krone 2lippig, 4–7 mm lang, rosa mit 5 rundlichen Zipfeln.
Blütezeit: VII–IX
Standort: Trockenrasen, trockene, lichte Wälder.
Verbreitung: Europa; große Teile Asiens.

Wissenschaftlicher Name:
Mentha longifolia
Familie: Lippenblütler
Aussehen: Bis 80 cm hohe, aromatisch riechende Pflanze mit langen Ausläufern. Stengel filzig behaart, aufrecht. Blätter kurzgestielt bis sitzend, lanzettlich, gezähnt, 5–15 cm lang, unterseits stark behaart. Blüten kurzgestielt, am Ende des Stengels und in den Achseln der obersten Blätter in ährenförmigen Blütenständen; Kelch röhrenförmig, etwa 3 mm lang, 5zähnig; Krone 5–7 mm lang, mit vorn erweiterter Röhre und 4 Kronzipfeln.
Blütezeit: VII–X
Standort: Ufer, nasse Wiesen, Auwäldor, Sümpfe, Hochstaudenfluren.
Verbreitung: Mittel- und Südeuropa, nördlich bis Großbritannien.
Ähnliche Art: Wasser-Minze *(M. aquatica)*, Blätter fast kahl, Blütenstand kopfartig. Fast ganz Europa und Asien, Nord- und Südafrika.

Wissenschaftlicher Name:
Thymus pulegioides
Familie: Lippenblütler
Aussehen: Aromatisch duftende Pflanze mit bis zu 40 cm langen, kriechenden oder bogig aufsteigenden Stengeln. Blühende Stengel deutlich 4kantig. Blätter gegenständig, eiförmig bis spatelig, am Grunde verschmälert und lang gewimpert. Blüten in den Achseln der oberen Blätter, einen gedrängten kopfartigen Blütenstand bildend; Kelch deutlich 2lippig; Krone klein, 2lippig, 3—6 mm lang.
Blütezeit: VI—X
Standort: Trockenrasen, Wegränder, Gebüsche, Mauern.
Verbreitung: Mittel- und südliches Nordeuropa.
Ähnliche Arten: <u>Sand-Thymian</u> *(Th. serpyllum)*, lang kriechende, allseits behaarte Stengel und schmallanzettliche Blätter; in Sandgebieten Mitteleuropas.

Wissenschaftlicher Name:
Digitalis purpurea
Familie: Braunwurz-
gewächse
Aussehen: Bis 1,5 m hohe
Pflanze mit aufrechtem, grau-
filzig behaartem Sten-
gel. Blätter eiförmig bis lan-
zettlich, gezähnt, die unte-
ren gestielt, die oberen sit-
zend. Blütenstand einseits-
wendig; Blüten gestielt;
Kelchblätter eiförmig, drüsig
behaart wie die Blütenstiele
und der obere Stengelteil;
Krone abwärts geneigt, bis
5 cm lang mit bauchiger
Röhre und kurz 2lappigem
Rand, innen mit dunkel-
roten, hell umrandeten
Flecken.
Blütezeit: VI–VIII
Standort: Lichte Wälder,
Schlagfluren; auf kalkarmen
Böden.
Verbreitung: Große Gebiete
Europas; oft kultiviert und
dann verwildert.
Wichtig: Die Pflanze ist
giftig!

Bittersüßer Nachtschatten

Wissenschaftlicher Name:
Solanum dulcamara
Familie: Nachtschatten-
gewächse
Aussehen: Bis 2 m hohe
Pflanze. Stengel im unteren
Teil verholzt, kletternd. Blätter
gestielt, eiförmig bis lanzettlich, am Grund oft herzförmig
oder mit 1–2 abgeteilten Abschnitten, sonst ganzrandig.
Blüten in langgestielten, ris-
penartigen, tragblattlosen
Blütenständen, meist hän-
gend. Kelch 5zähnig, bis zur
Fruchtreife bleibend, Zähne
rundlich-eiförmig. Krone
8–12 mm breit, am Grund
verwachsen, flach ausge-
breitet, mit 5 lanzettlichen,
spitzen, später etwas zurück-
gebogenen Zipfeln. 5 Staubblätter, mit goldgelben
Staubbeuteln. Frucht eine eiförmige, leuchtendrote, hän-
gende Beere.
Blütezeit: VI–IX
Standort: Hecken, Auwälder,
Ufer, Unkrautplätze.
Verbreitung: Europa; große
Gebiete Asiens.
Wichtig: Die Pflanze ist giftig!

Wissenschaftlicher Name:
Lathraea squamaria
Familie: Braunwurz-
gewächse
Aussehen: Bis 20 cm hohe,
meist rötliche Pflanze ohne
Blattgrün, mit einfachem
Stengel und fleischigem, von
weißlichen Schuppenblättern
besetztem unterirdischem
Wurzelstock. Blätter schuppenförmig, bleichrosa. Blüten in einer dichten, einseits-
wendigen, an der Spitze
überhängenden Traube;
Kelch 9–12 mm lang, glok-
kenförmig, mit 3–5 mm langen Zipfeln, drüsig behaart;
Krone kurzröhrig mit 2teiliger
Ober- und 3teiliger Unterlippe, rosa bis hellila.
Blütezeit: IV–V
Standort: Feuchte Laubwälder.
Verbreitung: Europa; Asien.
Hinweis: Die Schuppenwurz
ist ein Schmarotzer auf den
Wurzeln von Laubbäumen,
der im Frühjahr den aufsteigenden Blutungssaft der
Bäume anzapft und so Was-
ser und Nährstoffe erhält.

Wissenschaftlicher Name:
Valeriana officinalis
Familie: Baldriangewächse
Aussehen: Bis 1,8 m hohe
Pflanze, oft mit Ausläufern.
Stengel aufrecht, leicht gefurcht, erst im Blütenstand
verzweigt, kahl oder be-
haart, mit 3–14 Blattpaaren
bis zum Blütenstand. Blätter
gegenständig; Grundblätter
groß, unpaarig gefiedert,
Stengelblätter nach oben
hin kleiner werdend. Blütenstand doldenartig, vielblü-
tig. Krone 3–6 mm lang,
rosa bis weißlich, unten röhrenförmig, sackartig ausgebuchtet, oben trichterförmig
3- bis 4teilig; Fruchtknoten
unterständig; 10 Kelchzähne
zur Fruchtzeit verlängert,
fiedrig; Frucht 2–5 mm lang.
Blütezeit: V–IX
Standort: Ufer, Gräben,
nasse Wiesen, Röhricht,
Auwälder; nährstoffreiche,
oft kalkhaltige Böden.
Verbreitung: Fast ganz
Europa.

Wissenschaftlicher Name:
Dipsacus sylvestris
Familie: Kardengewächse
Aussehen: Bis 2 m hohe
Pflanze. Stengel und oft auch
der Mittelnerv der Blattunterseite mit bis 5 mm langen
Stacheln. Stengel kantig, aufrecht, im oberen Teil verzweigt. Grundblätter bis
40 cm lang, kurz gestielt, eiförmig, gezähnt; Stengelblätter gegenständig, jeweils am
Grund tütenförmig miteinander verwachsen, lanzettlich,
gezähnt bis ganzrandig. Blütenköpfe länglich-eiförmig
bis walzenförmig, 3–8 cm
lang; Hüllblätter in 2 Reihen,
stachelig; Blüten in den Achseln stechender Tragblätter
(Spreublätter), die die Blüten
überragen; Krone 4zipfelig;
Kronröhre etwa 1 cm lang;
Kelch 4kantig. Frucht 4kantig, mit Furchen oder Rippen.
Blütezeit: VII–VIII
Standort: Wegränder,
Schuttplätze, Ufer.
Verbreitung: Fast ganz
Europa; Südwestasien,
Nordafrika, Kanaren.

Wissenschaftlicher Name:
Knautia arvensis
Familie: Kardengewächse
Aussehen: Bis 1,5 m hohe, borstig behaarte Pflanze, zur Blütezeit mit sterilen Blattrosetten. Stengel rund, aufrecht, oft verzweigt. Blätter gegenständig; Grundblätter unzerteilt bis leierförmig-fiederspaltig; Stengelblätter nur in der unteren Stengelhälfte, meist leierförmig-fiederspaltig. Blüten in einem bis 4 cm breiten, von mehrreihigen Hüllblättern umgebenen Köpfchen zusammengefaßt; Krone der Einzelblüten lilablau, ungleichmäßig 4lappig, die der Randblüten größer. Kelch mit 8 gefiederten Borsten. Frucht abgeflacht 4kantig, am Rand mit Anhängsel (Elaiosom), das von Ameisen gefressen wird und so der Verbreitung dient.
Blütezeit: V.–IX
Standort: Wiesen, Trockenhänge, Feldraine, Äcker, auch Gebüsche.
Verbreitung: Fast ganz Europa; Westasien.

Wissenschaftlicher Name:
Adenostyles alliariae
Familie: Korbblütler
Aussehen: Bis 2 m hohe
Pflanze mit oben filzigem
Stengel. Grundblätter bis
50 cm breit, rundlich-dreiek-
kig, unterseits grauhaarig,
unregelmäßig grob ge-
zähnt; Blattstiele am Grund
mit Öhrchen; obere Sten-
gelblätter klein. Blüten rosa-
lila, in wenigblütigen, zu
großen Doldentrauben zu-
sammengefaßten Köpfchen.
Blütezeit: VI–IX

Standort: Hochstaudenfluren, Grünerlengebüsche,
Bergwälder.
Verbreitung: Gebirge von
Spanien bis Nordgriechen-
land.
Ähnliche Art: Kahler Alpen-
dost *(A. alpina)*, Blätter
gleichmäßig gezähnt, unterseits nur auf den Nerven behaart, Blattstiele ohne Öhrchen; auf kalkhaltigen
Böden.

Wissenschaftlicher Name:
Eupatorium cannabinum
Familie: Korbblütler
Aussehen: Bis 1,5 m hohe, behaarte Pflanze. Stengel aufrecht, bis zum Blütenstand einfach, reichbeblättert. Blätter gegenständig, bis zum Grund handförmig 3- bis 5teilig, Abschnitte lanzettlich, zugespitzt, ungleich grobzähnig. Köpfchen zahlreich, gestielt, eine dichte schirmförmige Doldentraube bildend. Hülle schmalwalzlich, 4,5–6 mm lang; Hüllschuppen wenige, 2- bis 3reihig dachziegelartig angeordnet, stumpf, schmalhäutig berandet, kahl oder die äußeren feinflaumig-behaart. 4 bis 6 Blüten, alle röhrig mit 5zähniger Krone, schmutzig rosarot. Frucht länglich, 5kantig, 3 mm lang, behaart.
Blütezeit: VII–IX
Standort: Auwälder, Ufer, Hochstaudenfluren, Schuttplätze.
Verbreitung: Fast ganz Europa; Westasien, Nordafrika.

Wissenschaftlicher Name:
Carduus nutans
Familie: Korbblütler
Aussehen: Bis 1,2 m hohe Pflanze mit vor allem oben weißfilzigem, fast bis zu den Köpfen beblättertem Stengel. Tief fiederteilige Blätter mit stechenden Abschnitten; am Stengel herablaufende Blattränder. Köpfe bis 8 cm breit und hoch, nickend; äußere Hüllblätter mit breitem Grund und deutlicher Einschnürung, vorderer Teil meist zurückgeschlagen, stechend; Blüten alle röhrenförmig mit trichterförmigem, 5lappigem Kronsaum. Samenbehaarung borstig-rauh, nicht federartig (Unterschied zur Gattung *Cirsium*, Kratzdistel!).
Blütezeit: V–IX
Standort: Trockene, steinige Plätze.
Verbreitung: Große Teile Europas, westliches Mittelmeergebiet.
Hinweis: Formenreiche Art. Einige sehr ähnliche Arten im ganzen Mittelmeergebiet.

Wissenschaftlicher Name:
Cirsium palustre
Familie: Korbblütler
Aussehen: Bis 1,5 m hohe, behaarte Pflanze. Stengel meist nur im oberen Teil verzweigt, fast in der ganzen Länge von den herablaufenden, stacheligen Blatträndern geflügelt. Blätter länglich, buchtig fiederteilig mit dreieckigen, in einen kurzen Stachel auslaufenden Abschnitten, am Rand stachelig gezähnt, am Stengel mit verschmälertem Grund sitzend, oberseits grün, behaart, unterseits in der Jugend weißfilzig behaart. Blütenköpfchen in einer doldenartigen Rispe; Hülle 1–1,5 cm lang, purpurn, filzig behaart; Hüllblätter mit kaum stechender Spitze. Blütenkrone 1–1,5 cm lang. Früchte hellbraun, 2–3 mm lang; Haarbüschel der Früchte fiedrig-weich.
Blütezeit: VII–IX
Standort: Nasse Wiesen, Sümpfe, Flachmoore.
Verbreitung: Europa; Nordasien, Nordafrika.

Wissenschaftlicher Name: *Cirsium vulgare*
Familie: Korbblütler
Aussehen: Bis 1,5 m hohe, behaarte, sehr kräftige, stachelige Pflanze. Stengel sparrig verzweigt, von den herablaufenden, stachelig gezähnten Blatträndern geflügelt. Blätter steif, entfernt federteilig mit lanzettlichen, in einen derben, gelblichen Stachel auslaufenden Abschnitten, oberseits grün und fein stachelig, unterseits licht weiß spinnwebig be-

haart. Blütenköpfe einzeln an den Enden der Äste, groß; Hülle 3–5 cm lang, kugelig; Hüllblätter ohne Harzdrüsen, alle mit langem, abstehendem, kräftigem Stachel, nach außen gebogen. Blütenkrone 2,5–3,5 cm lang. Früchte braun mit dunklen Flecken, 3 bis 4 mm lang; Flughaare fiederig, 3–4 cm lang.
Blütezeit: VII–X
Standort: Schuttplätze, Wegränder, Kahlschläge.
Verbreitung: Europa; Westasien.

Wissenschaftlicher Name:
Arctium tomentosum
Familie: Korbblütler
Aussehen: Bis 1 m hohe
Pflanze. Stengel aufrecht,
kräftig, tiefgefurcht, wollig-
behaart. Blätter mit einem
markerfüllten Stiel, rundlich,
bis 50 cm lang, ganzrandig
oder feingezähnt, oberseits
grün, unterseits dicht grauweiß filzig. Blütenköpfe in einer Doldentraube, fast
gleichhoch an der Spitze der
Äste stehend, kugelig,
2–3 cm breit. Hüllblätter kürzer als die Blüten, linealisch,
dicht wimperiggezähnt,
durch spinnwebig-wollige
Haare miteinander verwebt,
oft purpurn überlaufen, die
äußeren mit widerhakiger
Spitze, die inneren stumpf-
lich, mit kleinen, aufgesetzte
Stachelspitzchen. Blüten alle
röhrig, purpurn, mit glocken-
förmigem, 5zähnigem Saum
Blütezeit: VII–IX
Standort: Wegränder, Ufer,
Schuttplätze, Gebüsche.
Verbreitung: Fast ganz
Europa; Nordasien.

Wissenschaftlicher Name:
Centaurea jacea
Familie: Korbblütler
Aussehen: Bis 1,2 m hohe
Pflanze. Stengel kantig, aufrecht, einfach oder über der
Mitte verzweigt, grün bis
weißfilzig. Grundblätter eiförmig bis lanzettlich, ungeteilt bis buchtig-fiederspaltig;
Stengelblätter sitzend. Blüten
einzeln an den Zweigenden;
Hülle blühender Köpfe etwa
1,5–2 cm lang und ebenso
dick, Hüllblätter dachziegelartig angeordnet mit trok-
kenhäutigem, braunem bis
weißlichem, ungeteiltem bis
zerschlitztem Anhängsel.
Blütenkronen purpurrot, röhrenförmig, im oberen Teil
5teilig, die Randblüten auf-
fallond größer als die inneren. Früchte etwa 3 mm lang,
zylindrisch, fein behaart,
ohne Haarschopf.
Blütezeit: VI–X
Standort: Wiesen, auch
lichte Wälder.
Verbreitung: Ganz Europa,
Nordasien, Armenien, Nordafrika.

Wissenschaftlicher Name:
Sagittaria sagittifolia
Familie: Froschlöffel-
gewächse
Aussehen: Bis 1 m hohe,
kahle Pflanze mit langen
Ausläufern. Blätter alle
grundständig, die ersten
grasartig, bis 1 m lang, im
Wasser flutend, folgende
ei- bis pfeilförmig, schwimmend; zur Blütezeit meist
aus dem Wasser ragende,
3teilig pfeilförmige Blätter
vorhanden. Blüten einge-
schlechtlich; in übereinan-
derstehenden Quirlen, un-
ten weibliche und männ-
liche, oben nur männliche
Blüten; 1,5–2 cm breit; äußere Blütenblätter grün,
kelchartig, innere doppelt so
groß, weiß mit rotem Grund.
Staubblätter zahlreich.
Früchte 4–5 mm lang.
Blütezeit: VI–VIII
Standort: Nährstoffreiche,
stehende oder langsam fließende Gewässer, bis etwa
50 cm Wassertiefe, Ufer.
Verbreitung: Fast ganz
Europa; Westasien.

Wissenschaftlicher Name:
Alisma plantago-aquatica
Familie: Froschlöffel-
gewächse
Aussehen: Bis 1 m hohe,
kahle Pflanze. Blätter gestielt, eiförmig bis lanzettlich,
am Grund abgerundet oder
herzförmig, aus dem Was-
ser ragend. Blüten nachmit-
tags offen; 3 äußere Blütenblätter grün, kelchartig, 3 innere weiß, 4–6 mm lang,
rundlich; Griffel fast gerade,
am Fruchtknoten seitlich in
der Mitte angewachsen.

Blütezeit: VI–VIII
Standort: Nährstoffreiche
Böden; Uferbereich stehen-
der oder langsam fließender
Gewässer bis 50 cm Tiefe.
Verbreitung: Weltweit.
Ähnliche Art: Lanzett-
Froschlöffel *(A. lanceola-
tum)*, Blüten vormittags ge-
öffnet, Blätter am Grund
verschmälert, Griffel am
Fruchtknoten seitlich über
der Mitte angewachsen; an
ähnlichen Standorten.

Maiglöckchen

Wissenschaftlicher Name:
Convallaria majalis
Familie: Liliengewächse
Aussehen: Bis 30 cm hohe, kahle, unterirdisch kriechende Pflanze. Unterste Blätter schuppenförmig, die 2 obersten breitlanzettlich, 10–20 cm lang, parallelnervig. Blütenstand einseitswendig, langgestielt, entspringt aus der Achsel des obersten schuppenförmigen Blattes; Tragblätter winzig, kürzer als die Blütenstiele; Blüten nickend, glockenförmig, 5–7 mm lang; 6 Blütenblätter, verwachsen, mit kleinen, nach außen gebogenen Zipfeln; 6 Staubblätter; Fruchtknoten oberständig. Frucht eine rote Beere.
Blütezeit: V–VI
Standort: Laubwälder, Gebüsche; auf Kalk.
Verbreitung: Fast ganz Europa; im Osten bis Zentralasien.
Wichtig: Die Pflanze ist giftig!

Wissenschaftlicher Name:
Maianthemum bifolium
Familie: Liliengewächse
Aussehen: Bis 20 cm hohe Pflanze. Stengel oben fein borstig behaart, mit meist zwei kurzgestielten, herzförmigen, bis 10 cm langen und bis 5 cm breiten, unterseits locker behaarten Blättern über der Stengelmitte. Blütenstand eine vielblütige, bis 5 cm lange Traube; Blüten 4zählig, bis 5 mm lang, gestielt, einzeln in den Achseln schuppenförmiger Tragblätter; Blütenblätter frei, eiförmig, bis 3 mm lang, zurückgebogen; 6 Staubblätter; Fruchtknoten oberständig. Frucht eine kugelige, gelbe bis rote Beere mit meist nur 1 Samen.
Blütezeit: V–VI
Standort: Laub- und Nadelwälder; meidet Kalk.
Verbreitung: Große Gebiete Europas; nördliches Asien, ostwärts bis Japan.

Wissenschaftlicher Name: *Polygonatum multiflorum*
Familie: Liliengewächse
Aussehen: Bis 50 cm hohe Pflanze mit rundem oder stumpfkantigem Stengel und dickem, unterirdisch wachsendem Speichersproß. Blätter wechselständig, eiförmig, bis 15 cm lang. Blüten zu 2 bis 5 in den Blattachseln, bis 2 cm lang; Blütenblätter weitgehend verwachsen, ihr freier Teil grünlich; Staubfäden flaumig behaart; 6 Staubblätter, bis über die Mitte mit der Blütenröhre verwachsen; Fruchtknoten oberständig. Frucht eine 1 cm breite, schwarzblaue, etwas bereifte Beere.
Blütezeit: V–VI
Standort: Laubwälder, Hochstaudenfluren; auf Kalk.
Verbreitung: Fast ganz Europa; Kleinasien; vereinzelt bis Japan.
Wichtig: Die Pflanze ist giftig!

Bärlauch

Wissenschaftlicher Name:
Allium ursinum
Familie: Liliengewächse
Aussehen: Bis 50 cm hohe, meist in großen Beständen wachsende, wie Knoblauch riechende, kahle Pflanze. Blätter alle grundständig, meist 2, bis 20 cm lang, breitlanzettlich, spitz, langgestielt. Blütenstand doldenartig, armblütig, zunächst von häutigen Hüllblättern umgeben, die bald abfallen; Blüten deutlich gestielt, 6 Blütenblätter, 8 bis 12 mm lang, lanzettlich, ausgebreitet; 6 Staubblätter, etwa halb so lang wie die Blütenblätter; 1 Griffel; Fruchtknoten oberständig. Frucht eine 3fächrige Kapsel.
Blütezeit: IV–VI
Standort: Laubwälder, Hecken.
Verbreitung: Große Gebiete Europas; im Osten bis zum Kaukasus.

Wissenschaftlicher Name:
Narcissus poeticus
subsp. radiiflorus
Familie: Amaryllisgewächse
Aussehen: Bis 50 cm hohe
Pflanze mit zweischneidig
zusammengedrücktem
Stengel und grundständi-
gen, grasartigen Blättern.
Blüten meist einzeln, duftend, 6teilig mit bis 5 cm
langer, grünlicher Röhre,
ausgebreiteten, am Grund
deutlich verschmälerten,
sich dort nicht überdecken-
den, schneeweißen Kron-
blättern und einem gelben,
rot gerandeten, bis 1 cm
breiten »Krönchen«.
Blütezeit: IV–VI
Standort: Flachmoore,
feuchte Mähwiesen, Gebü-
sche, lichte Wälder.
Verbreitung: In einigen sehr
ähnlichen Sippen vor allem
im Mittelmeergebiet, nördlich bis Frankreich und in
die Alpen.
Hinweis: Wird oft in Gärten
als Zierpflanze gezogen,
von dort aus stellenweise
verwildert.

Wissenschaftlicher Name:
Epipactis palustris
Familie: Orchideen-
gewächse
Aussehen: Bis 50 cm hohe
Pflanze. Stengel aufrecht,
beblättert, besonders oben
kurzhaarig. Blätter lanzettlich, bis 20 cm lang, nach
oben allmählich kleiner.
Blütenstand eine einseits-
wendige, lockerblütige
Traube mit hängenden Blü-
ten. Blüten bis 2,5 cm breit.
Äußere 3 Blütenblätter lanzettlich, 10–12 mm lang,
bräunlich, etwas ausgebreitet; 2 innere ähnlich, aber
weiß, am Grund oft rosa;
Lippe länger als die Blütenblätter, ihr Vorderteil durch
tiefen Einschnitt vom Rest
getrennt, rundlich, weiß, mit
gewelltem Rand, hinterer
Teil weiß mit roten Adern.
Blütezeit: VI–VIII
Standort: Sumpfwiesen,
Flachmoore, Röhricht; auf
kalkhaltigen, mäßig nähr-
stoffreichen Böden.
Verbreitung: Fast ganz
Europa; Asien.

Wissenschaftlicher Name:
Stellaria holostea
Familie: Nelkengewächse
Aussehen: Bis 60 cm hohe Pflanze mit aufsteigendem, 4kantigem, kurz abstehend behaartem, beblättertem Stengel sowie mit unterirdischen Ausläufern und sterilen Trieben zur Blütezeit. Blätter steif, 3—8 cm lang, lanzettlich, zugespitzt, am Rand und unterseits rauh, ungestielt. Blütenstand locker; Blüten 1,5—3 cm im Durchmesser; Kelchblätter 6—9 mm lang, Kronblätter bis doppelt so lang wie die Kelchblätter, etwa zur Hälfte eingeschnitten; 10 Staubblätter; 3 Griffel. Frucht eine Kapsel, die sich mit 6 Zähnen öffnet.
Blütezeit: IV—VI
Standort: Lichte Laubwälder und Gebüsche; auf kalkarmen Böden.
Verbreitung: Fast ganz Europa, nach Süden zu selten.

Wissenschaftlicher Name: *Stellaria media*

Familie: Nelkengewächse

Aussehen: Bis 40 cm hohe Pflanze. Niederliegender bis aufsteigender, rundlicher Stengel mit 1 bis 2 Längslinien von Haaren, die von Knoten zu Knoten um 90° erschoben sind. Blätter geteilt, eiförmig, spitz, mit Ausnahme des gelegentlich gewimperten Stieles kahl, die unteren fast sitzend. Blüten in den Achseln grüner Tragblätter ohne Hautrand, 5zählig; Kelchblätter 2–5 mm lang; Kronblätter bis höchstens 1,5mal so lang wie die Kelchblätter, fast bis zum Grund 2teilig, nicht immer vorhanden; 10, 5 oder weniger Staubblätter, gelegentlich ganz verkümmert; 3 Griffel. Kapsel öffnet sich mit 6 Zähnen, die mehr als ⅓ der Kapsellänge messen.

Blütezeit: I–XII

Standort: Äcker, Gärten, Schuttplätze, Lägerfluren, Wegränder.

Verbreitung: Weltweit.

Wissenschaftlicher Name:
Silene vulgaris
Familie: Nelkengewächse
Aussehen: Bis 60 cm hohe,
meist kahle Pflanze. Stengel
aufrecht, verzweigt, oben
nicht klebrig. Blätter gegenständig, bis 10 cm lang, eiförmig bis schmallanzettlich.
Blüten im allgemeinen zahlreich in lockeren Blüten-
ständen; Kronblätter weiß
bis schwachrosa, am
Grund stielartig verschmälert, vorne tief 2lappig,
Kelchblätter verwachsen,

Kelch anfangs röhrenförmig,
später auffallend erweitert
(aufgeblasen), 20nervig,
blaßgrün bis weißlichrosa. 3
Griffel, Frucht eine kugelige,
im Kelch eingeschlossene
Kapsel.
Blütezeit: V–IX
Standort: Trockene Rasen,
Mähwiesen, Hochstauden-
fluren, lichte Wälder, Weg-
ränder.
Verbreitung: In einigen sehr
ähnlichen Sippen in ganz
Europa; Asien, Nordafrika,
Nordamerika.

Wissenschaftlicher Name:
Helleborus niger
Familie: Hahnenfußgewächse
Aussehen: Bis 30 cm hohe, kahle Pflanze. Stengel aufrecht, mit 1–3 schuppenartigen Hochblättern, meist einblütig. Blätter grundständig, überwinternd, glänzend grün, derb, fußförmig 7- bis 9teilig; Abschnitte gegen die Spitze scharf gesägt, im vorderen Drittel am breitesten. Blüten bis 10 cm breit; Blütenblätter weiß oder zartrosa, im Abblühen gelegentlich grünlich oder rot; Nektarblätter klein, gelb bis grünlich; Staubblätter gelb. Balgfrüchte geschnäbelt, bis 3 cm lang.
Blütezeit: IX–VII
Standort: Bergwälder, Bergwiesen; nur auf kalkhaltigen Böden.
Verbreitung: Nördliche und südliche Kalkalpen östlich des Inn, vereinzelt bis zum Tessin.

Wissenschaftlicher Name:
Anemone nemorosa
Familie: Hahnenfuß-
gewächse
Aussehen: Bis 30 cm hohe,
meist in großen Beständen
wachsende, fast kahle
Pflanze, zur Blütezeit ohne
Grundblätter. Stengel aufrecht, meist einblütig.
3 Stengelblätter im oberen
Drittel des Stengels, deutlich
gestielt, bis 5 cm lang, bis
zum Grund 3teilig; Ab-
schnitte 2- bis 5teilig und
grob gezähnt. Blüten 2 bis

4 cm breit, meist einzeln am
Stengelende; Blütenstiele
kraus behaart; 6–8 (12)
Blütenblätter, weiß, außen
oft rosa, kahl. Früchte klein,
dicht kurz behaart.
Blütezeit: III–V
Standort: Laub- und Mischwälder, Gebüsche, schat-
tige Wiesen; auf kalkhaltigen, feuchten Böden.
Verbreitung: Große Gebiete
Europas.

Alpen-Küchenschelle

Wissenschaftlicher Name:
Pulsatilla alpina
subsp. alpina
Familie: Hahnenfuß-
gewächse
Aussehen: 15–40 cm hohe
Pflanze mit einblütigen, behaarten Stengeln. Grund-
ständige Blätter 3teilig,
doppelt fiederschnittig mit
tief eingeschnittenen Ab-
schnitten; meist 3 Hochblätter, den Grundblättern ähnlich. Blüten 6teilig, weiß,
außen oft etwas violett.
Früchte mit langem, fiedrig

behaartem Griffel (siehe
Foto rechts).
Blütezeit: VI–VIII
Standort: Rasen, Hochstaudenfluren, Latschengebü-
sche; nur auf Kalk.
Verbreitung: Kalkgebiete
der Alpen; von Spanien bis
zur Balkanhalbinsel.
Ähnliche Art: Gelbe
Küchenschelle *(P. a. subsp.
apiifolia)*, gelbe Blüten,
etwas andere Blätter; nur
auf sauren Böden.

Wissenschaftlicher Name:
Ranunculus aquatilis
Familie: Hahnenfuß-
gewächse
Aussehen: Bis mehrere Meter
lange, verzweigte Pflanze.
Untergetauchte Blätter bis
zum Grund 3teilig, Ab-
schnitte noch mehrmals in
zahlreiche fadenförmige Zipfel zerteilt, Schwimmblätter
(nicht immer vorhanden)
rundlich, gelappt, Lappen mit
groben Zähnen. Blüten zahlreich, schwimmend oder etwas über dem Wasserspie-
gel, 0,5 bis 3 cm im Durchmesser, Blütenstiele den Blättern gegenüber; Kronblätter
verkehrteiförmig, weiß, am
Grund gelb; Staubblätter
meist zahlreich. Früchtchen
klein, oval bis rundlich, 1 bis
2 mm lang, flach, mit Quer-
rippen und winzigem Schnabel.
Blütezeit: VI–VIII
Standort: Stehende oder
langsam fließende, nähr-
stoffreiche und meist kalk-
arme Gewässer.
Verbreitung: Weltweit.

Christophskraut

Wissenschaftlicher Name:
Actaea spicata
Familie: Hahnenfuß-
gewächse
Aussehen: Bis 70 cm hohe,
kahle Pflanze mit aufrechtem, 1–3blättrigem Stengel.
Blätter langgestielt, alle am
Stengel, 20–30 cm lang und
ebenso breit, 3teilig mit
nochmals zerteilten, gestielten, gezähnten Abschnitten.
Blüten klein, weiß; in dichter, gestielter Traube; 7 bis
12 Blütenblätter, die äußeren 3–6 kronblattartig,
2–3 mm lang, die inneren
kürzer, spatelförmig. Staubblätter zahlreich. Frucht eine
schwarze, etwa 1 cm lange,
eiförmige Beere.
Blütezeit: VI–VIII
Standort: Schattige Laub-
und Mischwälder; auf nährstoffreichen, kalkhaltigen
Böden.
Verbreitung: Fast ganz
Europa.
Wichtig: Die Pflanze ist
giftig!

Weiße Seerose

Wissenschaftlicher Name:
Nymphaea alba
Familie: Seerosengewächse
Aussehen: Wasserpflanze mit bis 3 m lang gestielten, auf dem Wasser schwimmenden, großen, runden, am Grunde tief eingeschnittenen Blättern; Blattdurchmesser bis 30 cm, Blattnerven bis zum Rand 2–3mal gabelig geteilt mit Quernerven. Blüten schwimmend, groß (bis 10 cm Durchmesser), mit bis 30 länglichen Kronblättern; 4–5 Kelchblätter, derb, grün oder braun, länglich; Staubblätter zahlreich, bis 125. Frucht eine birnenförmige Kapsel, oberseits mit strahlenförmig angeordneten Narben.
Blütezeit: V–VIII
Standort: Nährstoffarme, stehende Gewässer.
Verbreitung: Fast ganz Europa.
Ähnliche Art: Glänzende Seerose *(N. candida)*, Blüten 6–8 cm im Durchmesser, Blütenblätter kürzer als die Kelchblätter.

Wissenschaftlicher Name:
Alliaria petiolata
Familie: Kreuzblütler
Aussehen: Bis 1 m hohe, beim Zerreiben stark nach Knoblauch riechende Pflanze. Stengel aufrecht, meist einfach, unterwärts zerstreutbehaart. Grundständige Blätter langgestielt, nierenförmig, gekerbt; Stengelblätter kurzgestielt, dreieckig mit herzförmigem Grund, unregelmäßig buchtiggezähnt, meist kahl. Blüten in einfachen oder verzweigten Trauben, 4zählig, kurzgestielt, nur die untersten 1–2 in der Achsel kleiner Tragblätter, die anderen nackt an der Traubenachse stehend. Kelchblätter 2,5–3 mm lang. Kronblätter 5–6 mm lang, weiß, schmal verkehrteiförmig. Staubblätter mit bandförmig abgeflachten Staubfäden.
Blütezeit: IV–VI
Standort: Waldränder, Gebüsche, Gartenanlagen.
Verbreitung: Fast ganz Europa; Vorderasien bis zum Himalaya, Nordafrika.

Wissenschaftlicher Name:
Hutchinsia alpina
Familie: Kreuzblütler
Aussehen: Zierliche, 5–15 cm hohe Pflanze mit mehreren blattlosen Blütenstengeln. Blätter fast ausschließlich grundständig, in Rosetten, gestielt, die untersten fast ungeteilt, die übrigen fiederschnittig. Blüten klein, langgestielt, in anfangs dichten, später lockeren Trauben; Blütenblätter weiß, bis 5 mm lang, bis 3 mm breit, am Grund verschmälert; Schöt-chen lanzettlich, flach, 5 mm lang.
Blütezeit: V–VIII
Standort: Feuchter Felsschutt, seltener Pionierrasengesellschaften oder Zwergweidenspaliere; stets auf Kalk.
Verbreitung: Von den nordspanischen Gebirgen bis zu den Karpaten.
Ähnliche Arten: Eine kompakter wachsende, griffellose Sippe vorwiegend in den Zentralalpen auf Kalkschiefer.

Echte Brunnenkresse

Wissenschaftlicher Name:
Nasturtium officinale
Familie: Kreuzblütler
Aussehen: Bis 50 cm hohe, fast kahle Pflanze. Stengel am Grund kriechend und an den Knoten wurzelnd, aufsteigend, seltener im Wasser flutend. Blätter gefiedert, mit breitelliptischen, ganzrandigen oder schwachgekerbten Seitenblättchen und einem etwas größeren Endblättchen, die untersten gestielt, die oberen sitzend mit 2 Öhrchen am Grund. Blüten in einer kurzen, blattlosen Traube, gestielt, 4zählig. Kelchblätter 2–3 mm lang. 6 Staubblätter, 2 kurze und 4 längere; Staubbeutel gelb. Frucht eine 13–18 mm lange und 1,8–2,5 mm dicke Schote mit 2 Reihen von Samen.
Blütezeit: VI–IX
Standort: Bäche, Quellfluren, Gräben.
Verbreitung: Weltweit.

Hirtentäschelkraut

Wissenschaftlicher Name:
Capsella bursa-pastoris
Familie: Kreuzblütler
Aussehen: Bis 40 cm hohe,
wenigbehaarte Pflanze.
Stengel aufrecht, einfach
oder abstehend verzweigt.
Grundständige Blätter in
einer Rosette, gestielt,
schmallänglich, buchtigge-
lappt oder fiederspaltig.
Stengelblätter den Stengel
mit 2 spitzen Zipfeln umfassend, die obersten unge-
teilt. Blüten in einer lockeren, blattlosen Traube,
4zählig. Kelchblätter 1 bis
2 mm lang. Kronblätter
2–3 mm lang, verkehrteiförmig. Früchte bis 2 cm, langgestielt, dreieckig bis verkehrtherzförmig, mit fast ge-
raden Seitenrändern, zu-
sammengedrückt, an der
Spitze gestutzt oder seicht
ausgerandet, mit einem
0,4–0,6 mm langen
Griffel.
Blütezeit: III–XII
Standort: Äcker, Wege,
Gärten, Schuttplätze.
Verbreitung: Fast weltweit.

Wissenschaftlicher Name:
Saxifraga bryoides
Familie: Steinbrech-
gewächse
Aussehen: 5–10 cm hohe, in
dichten, flachen Polstern
wachsende Pflanze. Grund-
blätter lineallanzettlich, starr,
zugespitzt, bewimpert, roset-
ig gedrängt, in den Achseln
mit kugeligen Knospen. Blütenstengel zart, stets einblü-
ig, mit kleinen, anliegenden
Blättchen. Blüten 5zählig, mit
weißlichen, am Grund gel-
ben Kronblättern.

Blütezeit: VII–VIII
Standort: Felsspalten, ruhender Felsschutt, lückige Rasen;
meist auf Silikat.
Verbreitung: Von den Ost-
pyrenäen durch die Alpen
bis zur Balkanhalbinsel, fehlt
in den nordöstlichen Kalkalpen.
Hinweis: Kennzeichen aller
Steinbrecharten sind Früchte,
die durch 2 bleibende Griffel
geschnäbelt sind.

Wissenschaftlicher Name:
Saxifraga granulata
Familie: Steinbrech-
gewächse
Aussehen: Bis 50 cm hohe
Pflanze. Stengel drüsig
klebrig, am Grund mit Brut-
zwiebeln. Grundblätter in
Rosetten, gestielt, nierenförmig, am Rand gekerbt; un-
tere Stengelblätter mit verschmälertem Grund, obere
sehr klein. Blüten bis 20 mm
lang; Kronblätter eiförmig,
weiß. Frucht eine 2spitzige
Kapsel.

Blütezeit: V–VIII
Standort: Trockene Rasen,
Mähwiesen, lichte Wälder.
Verbreitung: Von Portugal
bis Westrußland, in Mittel-
europa stellenweise selten
oder fehlend; Marokko. Im
Süden fast ausschließlich in
Gebirgen.
Ähnliche Art: Finger-Stein-
brech *(S. tridactylites),* Blätter
3lappig, spatelförmig, zur
Blütezeit meist schon ver-
trocknet; fast ganz Europa.

Wissenschaftlicher Name:
Drosera rotundifolia
Familie: Sonnentau-
gewächse
Aussehen: Bis 30 cm hohe
Pflanze mit einfachem Stengel. Blätter alle in einer
grundständigen Rosette,
lang gestielt, horizontal ausgebreitet, mit rundlicher,
5–10 mm breiter Spreite,
oberseits und am Rande mit
roten, 1–5 mm langen, kleb-
rigen Fangdrüsen besetzt.
Stengel blattlos, einen traubenartigen, wenigblütigen
Blütenstand tragend; die
5 kurzen Kelchblätter am
Grund verwachsen; Kron-
blätter frei, 4–6 mm lang.
Fruchtkapsel glatt.
Blütezeit: VI–VIII
Standort: Moore.
Verbreitung: Europa; Sibirien, Nordamerika.
Hinweis: Mit Hilfe der klebri-
gen Fangdrüsen fangen die
Pflanzen kleine Insekten, die
aufgelöst werden und der
Stickstoffversorgung dienen.
Es sind sogenannte »fleisch-
fressende« Pflanzen.

Wissenschaftlicher Name:
Filipendula ulmaria
Familie: Rosengewächse
Aussehen: Bis 2 m hohe, im oberen Teil verzweigte Pflanze. Stengel beblättert. Blätter oberseits dunkelgrün, kahl, unterseits meist weißfilzig behaart, selten fast grün, gefiedert, mit 5–11 fein gezähnten Blättchen. Blüten dicht stehend, in zahlreichen vielblütigen, rispigen Teilblütenständen; Kelchblätter 1 mm lang; Kronblätter zu 5 oder 6, rundlich bis oval, 2–5 mm lang, gelblichweiß. Früchtchen kahl, schraubenartig gedreht.
Blütezeit: VI–VIII
Standort: Hochstauden, Streuwiesen, Bachufer.
Verbreitung: Fast ganz Europa; ostwärts bis China.
Ähnliche Art: Kleines Mädesüß *(F. vulgaris)*, Blätter beiderseits grün, gefiedert mit 21 bis 81 grob gezähnten Blättchen, 6 Kronblätter, 5 bis 10 mm lang, Früchtchen behaart, gerade, aufrecht; in trockenen, mageren Wiesen

Wissenschaftlicher Name:
Aruncus dioicus
Familie: Rosengewächse
Aussehen: Bis 2 m hohe,
krautige, beblätterte Pflanze.
Blätter bis 1 m lang, gestielt,
2- bis 3fach gefiedert, Teilblättchen schmal eiförmig,
scharf doppelt gesägt. Blütenstand rispig, groß, mit
sehr vielen kleinen Blüten;
Kelchblätter spitz, 0,5 mm
lang; Kronblätter oval,
1–2 mm lang. Pflanzen ge-
trenntgeschlechtlich. Blüten
der männlichen Pflanzen mit
mehr als 20, die Krone weit
überragenden Staubblättern,
die der weiblichen Pflanzen
mit 3 Fruchtblättern und kurzen Staubblättern. Früchtchen kleine, nach innen aufspringende Bälge.
Blütezeit: VI–VII
Standort: Feuchte Laubwälder, Waldränder,
Gebüsche.
Verbreitung: Fast ganz
Europa; Nord- und Ost-
asien, Nordamerika.

Bach-Nelkenwurz

Wissenschaftlicher Name:
Geum rivale
Familie: Rosengewächse
Aussehen: Bis 70 cm hohe
Pflanze. Blätter gefiedert,
die unteren mit großem,
meist 3teiligem Endblättchen; Stengelblätter meist
3teilig mit grob gesägten
Abschnitten und großen
Nebenblättern. Blütenstand
mehrblütig; Blüten lang gestielt, nickend, zur Fruchtzeit
wieder aufrecht; Kelchblätter lanzettlich, rotbraun,
8–15 mm lang; Kronblätter
verkehrt herzförmig, gelblichweiß, kaum länger als
die Kelchblätter. Früchtchen
zahlreich, kleine Nüßchen
bildend, die an der Spitze
von dem hakig gegliederten, bleibenden Griffel gekrönt werden.
Blütezeit: V–VIII
Standort: Nasse Wiesen,
Bachufer, feuchte Wälder.
Verbreitung: Europa; Nordasien, Nordamerika.

Wissenschaftlicher Name:
Fragaria vesca
Familie: Rosengewächse
Aussehen: Bis 20 cm hohe, behaarte Pflanze mit langen, wurzelnden Ausläufern. Blätter grundständig, in einer Rosette, langgestielt, handförmig 3teilig mit grob gezähnten Teilblättchen, Endzahn der Blättchen länger als die 2 benachbarten Zähne. Blütenstand bis 10blütig, doldenartig. Blütenstiele anliegend oder schief abstehend behaart; Blüten 1–1,5 cm breit, weiß, mit 5 einander berührenden Kronblättern; diese länger als die Kelchblätter. Frucht fleischig, mit darauf sitzenden, winzigen Nüßchen, zur Reifezeit leicht abfallend.
Blütezeit: IV–VI
Standort: Lichte Wälder, Waldränder, Schlagfluren, Gebüsche.
Verbreitung: Ganz Europa; Nordasien.

Wissenschaftlicher Name:
Dryas octopetala
Familie: Rosengewächse
Aussehen: Niederliegender, stark verzweigter, rasenbildender Zwergstrauch. Blätter immergrün, kurzgestielt, eiförmig mit gekerbtem, umgerolltem Rand, Oberseite dunkelgrün glänzend, kahl, Unterseite weißfilzig. Blüten einzeln, sehr lang (bis 10 cm) gestielt, Stiel und Kelch behaart und rotbraun drüsig; meist 8 Kronblätter, weiß, verkehrteiförmig, bis 2 cm lang; Kelchblätter lanzettlich; Staubblätter zahlreich; Früchte klein, zahlreich, dicht behaart, mit fedrigem, silbrigem Griffel.
Blütezeit: V–VIII
Standort: Felsschutt und Pionierrasen, seltener Zwergstrauchheiden; stets auf kalkhaltigen Böden.
Verbreitung: Kalkgebiete der Alpen; von den Pyrenäen bis zur Balkanhalbinsel; Karpaten, Arktis.

Wissenschaftlicher Name:
Trifolium repens
Familie: Schmetterlings-
blütler
Aussehen: Rasig wachsende
Pflanze mit niederliegenden,
an den Knoten wurzelnden,
wie Ausläufer wirkenden
Stengeln. Blattstiele lang,
scheinbar grundständig.
Blätter 3zählig; Blättchen
verkehrteiförmig, fein ge-
zähnt. Blüten weiß, mit
schwachem Honigduft, in oft
langgestielten, kugeligen
Köpfen, verblüht hellbraun,
herabgebogen; Kelchröhre
10nervig, Krone 7–12 mm
lang. Frucht von Kelch und
vertrockneter Krone einge-
schlossen.
Blütezeit: V–X
Standort: Mähwiesen,
Weiden, Parkrasen.
Verbreitung: Ganz Europa,
Nord- und Westasien.
Ähnliche Art: Bastard-Klee
(T. hybridum), aufrechter
Stengel, 5nervige Kelch-
röhre; wächst in Fettwiesen,
Parkrasen und an Wegrän-
dern.

Wissenschaftlicher Name:
Oxalis acetosella
Familie: Sauerklee-
gewächse
Aussehen: Bis 15 cm hohe,
schwach behaarte, klee-
ähnliche Pflanze mit unterirdischen Ausläufern. Blätter
grundständig, gestielt, mit 3
herzförmigen Blättchen, die
mit dem Stiel gelenkartig
verbunden sind. Blüten
langgestielt, grundständig,
5zählig, vor dem Aufblühen
nickend; Kelchblätter
schmal eiförmig, 4–5 mm
lang; Kronblätter 10–16 mm
lang, weiß, meist mit rötlichen Nerven. Frucht eine bis
1 cm lange, kantige Kapsel.
Blütezeit: IV–V
Standort: Schattige Wälder;
auf nährstoffarmen, mäßig
sauren Böden.
Verbreitung: Europa; Asien,
Nordamerika.
Wichtig: Die Pflanze ist
giftig!

Wissenschaftlicher Name:
Bryonia cretica subsp. dioica
Familie: Kürbisgewächse
Aussehen: Pflanze mit rüben-artiger Wurzel und bis 4 m langen, mit Hilfe von Ranken kletternden, dünnen, rauh-borstigen Stengeln. Blätter kurzgestielt, breitherzförmig oder 5eckig bis handförmig, 5lappig, mit eiförmigen bis dreieckigen Spitzen und un-regelmäßig eckig- bis buck-liggezähnten Lappen, beid-seitig borstig rauh. Männli-che und weibliche Blüten auf verschiedenen Pflanzen. Weibliche Blüten in kurzge-stielten, doldenartigen Bü-scheln. Kelch 5zipflig. Krone trichterig, tief geteilt, bis 2 cm breit, gelblichweiß. Frucht eine kugolige, 6–7 mm dicke, dünnhäutige, scharlachrote Beere.
Blütezeit: VII–VIII
Standort: Hecken, Gebü-sche, Zäune, Auwälder.
Verbreitung: Mittel- und Süd-europa.
Wichtig: Die Zaunrübe ist giftig!

Wissenschaftlicher Name:
Circaea lutetiana
Familie: Nachtkerzen-
gewächse
Aussehen: Bis 60 cm hohe,
kurzhaarige Pflanze. Stengel aufrecht, im Blütenstand
oft verzweigt. Blätter gegenständig, gestielt, eiförmig, zugespitzt, bis 10 cm
lang, fast ganzrandig. Blütenstand eine blattlose
Traube; Blütenstiele mit abstehenden Drüsenhaaren;
Blüten 2zählig; 2 Kelchblätter, drüsig, etwas länger als
die Kronblätter, 2 Kronblätter, tief 2teilig, 2–4 mm
lang, weiß oder rötlich.
Frucht eine mit Haken-
haaren besetzte Nuß.
Blütezeit: IV–V
Standort: Laub- und Mischwälder, Schlagfluren, an
Quellen und Bachläufen;
auf nährstoffreichen Böden.
Verbreitung: Europa; Asien,
Nordamerika.

Wissenschaftlicher Name:
Myriophyllum spicatum
Familie: Tausendblatt-
gewächse
Aussehen: Bis 3 m lange, flu-
tende Wasserpflanze mit
stark reduzierten Wurzeln.
Stengel oft verzweigt, beblättert, Unterwasserblätter
zu 4 quirlständig, 2–5 cm
lang, fiederteilig, mit zahlreichen fadenförmigen, bis
3 cm langen Abschnitten.
Blüten quirlartig stehend,
eine unterbrochene Ähre
bildend, 4zählig, in den
Achseln kurzer Tragblätter,
die am Grund des Blüten-
standes gezähnt, an seiner
Spitze ganzrandig sind;
Kronblätter etwa 2 mm
lang, rötlich; Kelchblätter
bis 1 mm lang; 8 Staubblätter. Frucht in 4 Teilfrüchte
zerfallend.
Blütezeit: VII–IX
Standort: Nährstoffreiche,
kalkhaltige, stehende
Gewässer.
Verbreitung: Weltweit.

Wiesen-Kerbel

Wissenschaftlicher Name:
Anthriscus sylvestris
Familie: Doldengewächse
Aussehen: Bis 1,5 m hohe,
aromatisch riechende
Pflanze. Stengel verzweigt,
kahl oder borstig behaart,
ohne Flecken, unter den Blättern nicht verdreht. Blätter
mehrfach gefiedert mit fiederteiligen Abschnitten, die
unteren langgestielt, groß,
die oberen kleiner und kürzer
gestielt oder sitzend. Blüten
weiß, in zusammengesetzten
Dolden; Blütenblätter kahl,
Hüllblätter fehlend, Hüllchenblätter breitlanzettlich,
plötzlich zugespitzt, mit breitem, gewimpertem Hautrand. Frucht 6–10 mm lang,
reif braun, lackartig glänzend, spindelförmig, ohne
Rippen, mit kurzem, gefurchtem Schnabel.
Blütezeit: IV–VIII
Standort: Wiesen, Gebüsche, Waldränder.
Verbreitung: Ganz Europa,
im Süden selten und nur in
den Gebirgen; nördliches
Asien, Nordafrika.

Wissenschaftlicher Name:
Daucus carota
Familie: Doldengewächse
Aussehen: Bis 1 m hohe, borstig behaarte Pflanze. Blätter gestielt, mit scheidenartig erweitertem Grund den Stengel umfassend, 2fach gefiedert, mit fiederteiligen Abschnitten. Blütenstand eine zur Blütezeit flache oder gewölbte, zur Fruchtzeit nestartig eingesenkte Doppeldolde, am Grunde umgeben von einer Hülle fiedrig zerteilter Blätter; Blüten mit unterständigem Fruchtknoten; ohne Kelchblätter; 5 Kronblätter, herzförmig ausgerandet, die in der Dolde nach außen gerichteten Kronblätter deutlich größer; die Blüte im Mittelpunkt der Gesamtdolde meist mit purpurner Krone. Früchte mit Längsreihen von Stacheln.
Blütezeit: VI–X
Standort: Fett- und Magerwiesen, Unkrautfluren.
Verbreitung: Fast weltweit.

Wissenschaftlicher Name:
Sanicula europaea
Familie: Doldengewächse
Aussehen: Bis 50 cm hohe
Pflanze. Blätter grundständig, langgestielt, fast bis zur
Mitte 5teilig, mit grob gezähnten Abschnitten; Stengelblätter kleiner, sitzend.
Verzweigungen des Blüten-
standes am Stengel doldenartig; Seitentriebe mit meist
3teiliger Verzweigung; Blüten in kopfartigen Dolden
angeordnet, grünlich, weiß;
von 4–8 Hüllblättern umgeben. Äußere Blüten männ-
lich, zahlreich, innere weiblich, zu 1 bis 3; Kelchblätter
etwa 1 mm lang, Kronblät-
ter etwa 1,5 mm, gelblichweiß bis rosa. Frucht kugelig, stachelig.
Blütezeit: V–VI
Standort: Laubmischwälder
und Buchenwälder; auf
Kalk.
Verbreitung: Europa; Westasien.

Wissenschaftlicher Name:
Aegopodium podagraria
Familie: Doldengewächse
Aussehen: Bis 1 m hohe,
kahle Pflanze, bildet mit
Ausläufern oft große Be-
stände. Stengel hohl, kantig
gefurcht. Blätter 1- bis 2fach
3zählig, mit eiförmigen, fein
gezähnten Abschnitten. Blüten in großen, bis 25strahli-
gen Doppeldolden; Hüll-
und Hüllchenblätter feh-
lend; Kronblätter 1,5 mm
lang, an der Spitze 2lappig
ausgerandet mit einem
länglichen, zurückgeschla-
genen Lappen in der Aus-
randung. Frucht eiförmig,
etwa 3 mm lang und 2 mm
breit, mit fadenförmigen
Rippen.
Blütezeit: VI VIII
Standort: Wälder, Hecken,
Gärten; auf feuchten, nährstoffreichen Böden.
Verbreitung: Europa; Nordasien.

Wissenschaftlicher Name:
Carum carvi
Familie: Doldengewächse
Aussehen: Bis 1 m hohe, kahle Pflanze. Stengel kantig gerieft, oft schon vom Grund an verzweigt. Blätter mehrfach gefiedert, länglich, mit schmalen Abschnitten; die unteren gestielt, mit scheidig erweitertem Stielgrund, die oberen auf den Scheiden sitzend; 1 Paar der Abschnitte bis zum Stengel herabgerückt. Dolden mit sehr ungleich langen Strahlen; Hüll- und Hüllchenblätter meist fehlend. Blüten weiß bis rötlich. Frucht länglich-elliptisch die 2 Teilfrüchte etwas gebogen, braun mit weißlichen Rippen, zerrieben mit dem typischen Kümmelgeruch.
Blütezeit: V—VII
Standort: Mähwiesen, auch Almweiden, Wegränder.
Verbreitung: Fast ganz Europa mit Ausnahme des Mittelmeergebietes; große Teile Asiens, Nordafrika, Nordamerika, Neuseeland.

Wissenschaftlicher Name:
Angelica sylvestris
Familie: Doldengewächse
Aussehen: Bis 2 m hohe, kahle Pflanze. Stengel stielrund, schwachkantig, röhrig, verzweigt. Blätter groß, die unteren bis 60 cm lang, mit einem langen, hohlen, oberseits rinnigen Stiel, im Umriß dreieckig, 2- bis 3fach gefiedert, mit unregelmäßig spitzzähnigen Abschnitten; die oberen auf der sehr großen, bauchig aufgeblasenen Blattscheide sitzend, weniger stark zerteilt. Blüten in großen, gewölbten, 20- bis 40strahligen Doppeldolden. Hüllblätter fehlend oder zu 1 bis 3, hinfällig, Hüllchenblätter zahlreich, sehr schmal, herabgebogen. Kronblätter 1–1,5 mm lang, weiß oder rötlich, eiförmig bis schmaleiförmig.
Blütezeit: VII–VIII
Standort: Auwälder, feuchte Wiesen, Hochstaudenfluren.
Verbreitung: Europa; Sibirien.

Wissenschaftlicher Name:
Heracleum sphondylium
Familie: Doldengewächse
Aussehen: Bis 2 m hohe, borstig behaarte, unangenehm riechende Pflanze. Stengel längsgestreift, unten etwa 2 cm dick, dicht borstenhaarig, meist verzweigt. Blätter gelappt bis gefiedert, die unteren langgestielt, groß, bis 50 cm lang und breit; Stengelblätter rasch kleiner, sitzend, mit aufgeblasenen Blattscheiden. Blüten weiß, bis zu 25 cm im Durchmesser; die Randblüten bis 1 cm lang, mit ungleichen Kronblättern; in zusammengesetzten Dolden; Hüllblätter fehlend, Hüllchenblätter zahlreich. Frucht eiförmig, flach, mit schmalem Flügelrand, meist kahl.
Blütezeit: VI–IX
Standort: Mähwiesen, Wegränder, Hochstaudenfluren.
Verbreitung: Fast ganz Europa.

Europäischer Siebenstern

Wissenschaftlicher Name:
Trientalis europaea
Familie: Primelgewächse
Aussehen: Bis 25 cm hohe,
kahle Pflanze. Untere und
mittlere Stengelblätter bis
zu 3, sehr klein; die übrigen
Laubblätter an der Spitze
des Stengels zu 5 bis 12
quirlartig angeordnet, lanzettlich, 2–5 cm lang, kurzgestielt. Blüten zu wenigen
in den Achseln der oberen
Blätter, langgestielt, aufrecht; Kelch 4–6 mm lang,
bis fast zum Grund geteilt,
mit meist 7 schmallanzettlichen Zipfeln; Krone flach
ausgebreitet oder weit trichterförmig, fast bis zum
Grund in 6–7 spitze Zipfel
geteilt, bis 15 mm breit.
Frucht eine kugelige Kapsel.
Blütezeit: V–VII
Standort: Birkenmoore,
Fichtenwälder; auf nähr-
stoffarmen, sauren Böden.
Verbreitung: Nord- und Mitteleuropa; Nordasien,
Nordamerika.

Wissenschaftlicher Name:
Moneses uniflora
Familie: Wintergrün-
gewächse
Aussehen: Bis 15 cm hohe
Pflanze. Blätter in einer
grundständigen Rosette, bis
2 cm im Durchmesser, kurzgestielt (bis 1 cm), rundlich,
Rand fein gezähnt. Stengel
mit nur einer einzigen endständigen, nickenden, 15
bis 25 mm breiten Blüte;
Kelchblätter breit eiförmig,
bis zum Grund frei; Kron-
blätter 8–12 mm lang, flach
ausgebreitet, weiß; Staubbeutel mit 2 langen horn-
artigen Anhängseln; Griffel
gerade, so lang wie der
Fruchtknoten. Frucht eine
zur Reife aufrechte Kapsel.
Blütezeit: V–VII
Standort: Nadelwälder; auf
kalkfreien Rohhumusböden.
Verbreitung: Nord- und Mitteleuropa; Nordasien,
Nordamerika.

Wissenschaftlicher Name:
Arctostaphylos uva-ursi
Familie: Heidekraut-
gewächse
Aussehen: Niederliegender,
reich verzweigter, teppich-
bildender Zwergstrauch.
Blätter immergrün, derb
lederig, eiförmig, 1–3 cm
lang, ganzrandig, unterseits
deutlich netznervig, am
Grunde keilig verschmälert,
sehr kurzgestielt. Blütenstände endständig, 3- bis
10blütig. Blüten nickend.
Kelch tief 5spaltig, 1 mm

lang, bleibt an der Frucht
erhalten. Krone krugförmig,
weiß oder rötlich, 5–6 mm
lang. 10 Staubblätter. Frucht
eine kugelige, mehlige, am
Grunde vom Kelch umge-
bene, 6–8 mm dicke, scharlachrote Beere mit 5–7 einsamigen Steinkernen.
Blütezeit: V–VII
Standort: Kiefernwälder,
Heiden.
Verbreitung: Europa, Nordasien, Nordamerika.

Wissenschaftlicher Name:
Menyanthes trifoliata
Familie: Enziangewächse
Aussehen: Bis 35 cm hohe, kahle Pflanze mit bis 2 cm dicken, lang kriechenden unterirdischen Speichersprossen, die schuppenförmige Blätter tragen. Blätter langgestielt, wechselständig. Blattspreite 3teilig, kleeartig, mit ovalen Blättchen. Blütenstand eine langgestielte Traube. Blüten langgestielt, in den Achseln kurzer Tragblätter. Kelch fast bis zum Grund 5teilig. Krone weiß oder rötlich, mit kurz trichterförmiger Röhre und 5 nach außen zurückgerollten, auf der Innenseite bärtigen Zipfeln. Staubbeutel violett. Griffel fadenförmig mit 2teiliger Narbe. Frucht eine kugelige Kapsel.
Blütezeit: V–VI
Standort: Flachmoore, quellige Stellen, Röhrichte; auf kalkarmen Böden.
Verbreitung: Europa; Asien, Nordamerika.

Gemeiner Beinwell

Wissenschaftlicher Name:
Symphytum officinale
Familie: Rauhblattgewächse
Aussehen: Bis 1,5 m hohe, dicht behaarte Pflanze. Stengel kantig geflügelt, unverzweigt oder im oberen Teil verzweigt. Blätter lanzettlich, die unteren gestielt und bis zu 25 cm lang, die oberen kleiner und sitzend; Flügel der Blattstiele am Stengel bis zum nächsten Blatt herablaufend. Blütenstände in den Achseln der oberen Laubblätter, dicht, einseitswendig, gekrümmt; Kelch fast bis zum Grund 5teilig; Krone 1,2 bis 2 cm lang, röhrenförmig verwachsen, gelblichweiß, auch rotviolett, im Schlund mit 5 kleinen Schuppen, die zwischen den 5 Staubblättern stehen; Griffel aus der Krone herausragend.
Blütezeit: V–VII
Standort: Feuchte Wiesen, Bachufer, Flachmoore.
Verbreitung: Europa; Asien.

Gemeine Zaunwinde

Wissenschaftlicher Name:
Calystegia sepium
Familie: Windengewächse
Aussehen: Bis 3 m lange,
windende, kahle Pflanze.
Blätter herzförmig oder
pfeilförmig, spitz oder
stumpf, deutlich gestielt,
wechselständig. Blüten einzeln in den Blattachseln, 3,5
bis 4 cm lang, am Grund
von 2 breitlanzettlichen, einander nicht überlappenden
Hochblättern umgeben, die
den Kelch teilweise bedek-
ken; Kelch 10 mm lang;
Krone trichterförmig, weiß,
an der Spitze kurz und breit
5zipfelig.
Blütezeit: VI–IX
Standort: Auwälder, Röhrichte, Hecken, Zäune, Unkrautfluren.
Verbreitung: Weltweit.
Ähnliche Art: Wald-Winde
(*C. silvatica*), Hochblätter
am Grund der Blüte aufge-
blasen, einander überlap-
pend und den ganzen Kelch
einhüllend, Krone bis 7,5 cm
lang; in 2 Unterarten bei
uns verwildert.

Wissenschaftlicher Name:
Lamium album
Familie: Lippenblütler
Aussehen: Bis 40 cm hohe Pflanze. Stengel meist einfach, 4kantig. Blätter gegenständig, gestielt, dreieckig-eiförmig, am Grund schwach herzförmig, am Rand grobgesägt. Blüten sitzend, in quirlähnlichen, 6- bis 16blütigen Teilblütenständen in den Achseln der oberen Stengelblätter. Kelch trichterartig mit ungleichen, spitzen Zähnen. Krone 2–2,5 cm lang, mit einer aufwärts gebogenen Röhre, 2lippig, mit gewölbter Oberlippe und 3lappiger, nach unten gefalteter Unterlippe; Seitenabschnitte der Unterlippe mit je 1 schmallanzettlichen Zahn, Mittellappen eingeschnitten, 2zipfelig.
Blütezeit: IV–VIII
Standort: Gebüsche, Wegränder, Schuttplätze.
Verbreitung: Große Gebiete Europas; Nord- und Ostasien.

Wiesen-Augentrost

Wissenschaftlicher Name:
Euphrasia rostkoviana
Familie: Braunwurz-
gewächse
Aussehen: Bis 30 cm hohe,
flaumig behaarte und im
oberen Teil drüsige Pflanze.
Stengel meist im unteren
Teil verzweigt. Blätter gegenständig, die unteren
stumpf mit wenigen stump-
fen Zähnen, die mittleren
und oberen eiförmig, spitz,
mit spitzen Zähnen. Blüten
in endständigen Ähren;
Krone 8–14 mm lang, sich
während der Blütezeit ver-
längernd und mit ihrer Röhre
den Kelch überragend,
weiß; Oberlippe violett, Unterlippe mit gelbem Fleck
und dunklen Strichen. Frucht
eine behaarte Kapsel.
Blütezeit: V–X
Standort: Magere, trockene
Wiesen.
Verbreitung: Mitteleuropa,
Südskandinavien, England,
Norditalien, nördliche Balkanhalbinsel.

Waldmeister

Wissenschaftlicher Name:
Galium odoratum
Familie: Rötegewächse
Aussehen: Bis 30 cm hohe, kahle Pflanze. Blätter zu 6–9 quirlständig, lanzettlich, ganzrandig, am Rand mit nach vorn gerichteten Haaren. Blütenstände doldenartig, endständig oder in den Achseln oberer Blätter, wenigblütig; Krone trichterförmig, mit 1 mm langer Röhre und 4 ausgebreiteten, spitzen Zipfeln, 4 bis 6 mm breit. Frucht nußartig, kugelig, 2–3 mm hoch, mit hakenförmigen Haaren bedeckt.
Blütezeit: IV–V
Standort: Laubwälder, vor allem Buchenwälder; auf nährstoffreichen Böden.
Verbreitung: Fast ganz Europa; Nordasien.
Wichtig: Die Pflanze enthält das giftige *Cumarin*, deshalb nicht zur Herstellung von Maibowle verwenden!

Wissenschaftlicher Name:
Galium sylvaticum
Familie: Rötegewächse
Aussehen: Bis 1 m hohe,
kahle Pflanze ohne Ausläufer. Stengel kräftig, rund,
oben gelegentlich durch
Rippen angedeutet 4kantig,
bläulich grün, verzweigt.
Blätter zu 6–8 quirlständig,
bis 4 cm lang, bis 1 cm breit,
verkehrt lanzettlich bis elliptisch, besonders unterseits
blaugrün, ziemlich zart, am
Rand etwas rauh. Blüten-
stand locker; Blütenstiele oft
länger als der Kronendurch-
messer; sehr dünn; Krone
2–3 mm breit, tassenförmig,
vor der Blüte oft nickend,
weiß; Kronlappen spitz.
Frucht 1,3–2 mm hoch,
kahl, runzelig.
Blütezeit: VII–VIII
Standort: Laubwälder,
Gebüsche; auf nährstoff-
reichen Böden.
Verbreitung: Fast ganz
Europa.

Weißes Labkraut

Wissenschaftlicher Name: *Galium album*
Familie: Rötegewächse
Aussehen: Bis 1,5 m hohe, meist kahle Pflanze mit unterirdischen Ausläufern. Stengel aufsteigend, schwach 4kantig, an den Knoten etwas verdickt, glatt, mit abstehenden Ästen. Blätter in Quirlen zu 4 bis 8, schmal, einnervig, bis 3 cm lang, allmählich zugespitzt, ganzrandig. Blüten in Rispen; Kelch fehlt; Krone bis 4 mm breit, weiß bis rahmfarben, ihre 4 Kronblätter ausgebreitet, in eine fadenförmige Spitze verlängert.
Blütezeit: VI–X
Standort: Wiesen, Hecken, Waldränder.
Verbreitung: Weite Teile Europas.
Ähnliche Art: Wiesen-Labkraut *(G. mollugo)*, Blätter mit breiter, plötzlich in ein kurzes Spitzchen verschmälerter Spitze.

Wiesen-Schafgarbe

Wissenschaftlicher Name:
Achillea millefolium
Familie: Korbblütler
Aussehen: Bis 70 cm hohe, aromatisch duftende, locker wollhaarige Pflanze. Stengel aufrecht, reich beblättert, erst im Blütenstandbereich verzweigt. Blätter schmallanzettlich, mehrfach fiederspaltig, mit etwas schräg zur Achse gestellten Abschnitten 1. Ordnung. Endabschnitte lanzettlich, 0,5–1 mm breit, spitz. Köpfe klein, doldenähnlich angeordnet; Scheibenblüten röhrig, kurz 5zähnig, schmutzigweiß oder gelblich, Zungenblüten weiß oder rosa; zwischen den Blüten auf dem Köpfchenboden häutige Schuppen. Früchte 1,8–2 mm lang, am Rand seitlich kurzgeflügelt.
Blütezeit: VI–X
Standort: Alle Wiesen, auch Weg- und Waldränder, Felshänge.
Verbreitung: Ganz Europa, im Mittelmeergebiet selten.

Ährige Teufelskralle

Wissenschaftlicher Name:
Phyteuma spicatum
Familie: Glockenblumen-
gewächse
Aussehen: Bis 70 cm hohe
Pflanze mit aufrechtem, un-
verzweigtem, beblättertem
Stengel. Grundblätter herz-
förmig, langgestielt, unregelmäßig doppelt gezähnt,
oft dunkel gefleckt; mittlere
Stengelblätter kürzergestielt
und kleiner, obere Stengel-
blätter sitzend. Blüten unge-
stielt, in einer eiförmigen bis
zylindrischen Ähre, vor dem
Aufblühen gebogen, weiß,
selten hellblau überlaufen;
Krone röhrenförmig; 5teilig;
2 Narben.
Blütezeit: V–VII
Standort: Laubwälder,
Gebüsche; auf humus- und
nährstoffreichen, feuchten
Böden.
Verbreitung: Mitteleuropa.
Ähnliche Art: Haller's Teufels-
kralle *(Ph. ovatum),* Grund-
blätter so lang wie breit;
Hochstaudenfluren und
Bergwiesen der Gebirge
Mittel- und Südeuropas.

Wissenschaftlicher Name:
Leucanthemum vulgare
Familie: Korbblütler
Aussehen: Bis 1 m hohe, spärlich behaarte oder kahle Pflanze. Stengel aufrecht, einfach oder verzweigt. Grundblätter spatelig, langgestielt, am Rand gekerbt bis fast fiederteilig; Stengelblätter länglich, ganzrandig bis fiederteilig, die oberen sitzend. Köpfe bis 7 cm breit, einzeln am Ende des Stengels und der Zweige; Hüllschuppen grün, länglich, mit schwarzem, braunem oder farblos durchscheinendem Rand. Scheibenblüten gelb, Zungenblüten weiß, bis 3 cm lang. Früchte 2–4 mm lang, 10rippig, mit schwarzen Harzdrüsen, oben ohne oder mit undeutlichem, gezähntem Rand.
Blütezeit: V–IX
Standort: Magere Wiesen, auch lichte Wälder, Wegränder, Schuttplätze.
Verbreitung: Europa mit Ausnahme des höchsten Nordens.

Wissenschaftlicher Name:
Bellis perennis
Familie: Korbblütler
Aussehen: Bis 15 cm hohe, rasig wachsende, behaarte Pflanze. Blätter spatelförmig, gekerbt, gestielt, in dichter, grundständiger Rosette vereinigt. Stengel schaftartig, blattlos, einköpfig; Köpfchen 10–20 mm breit; Hülle halbkugelig, Hüllschuppen krautig, länglich, stumpf, fast gleich lang, in 2 Reihen angeordnet. Scheibenblüten zahlreich, röhrig, an der Spitze 5zähnig, gelb, Zungenblüten zahlreich, 0,5 bis 1 mm breit, weiß, an der Spitze oft rötlich. Früchte 1 mm lang, verkehrteiförmig, zusammengedrückt.
Blütezeit: VI–IX
Standort: Wiesen, Rasen.
Verbreitung: Ganz Europa; Kleinasien, vielerorts eingebürgert.
Hinweis: Kennzeichen der Korbblütler: Blüten in Köpfen (Scheinblüten) zusammengefaßt, oft verschiedengestaltig; Milchsaft fehlt.

Wissenschaftlicher Name:
Leontopodium alpinum
Familie: Korbblütler
Aussehen: 5–25 cm hohe Pflanze mit aufrechtem, dicht wolligem Stengel und besonders auf der Unterseite weißfilzig behaarten, länglichlanzettlichen, bis 5 cm langen, bis 1 cm breiten Blättern. Köpfchen 5–6 mm lang und ebenso dick, mit wenigen, ausschließlich röhrenförmigen Blüten, in einen endständigen Köpfchenstand mit 5 bis 15 großen, weißfilzigen, sternförmig angeordneten Hochblättern zusammengefaßt; Hüllblätter häutig, braunrandig. Früchte etwa 1 mm lang.
Blütezeit: VII–IX
Standort: Trockene, sonnige Felsspalten, grasige Schutthalden und offene Rasenstände; vorwiegend auf Kalk, meist über 1500 m.
Verbreitung: Alpen, Pyrenäen, Karpaten, nördliche Balkanhalbinsel.

Silberdistel

Wissenschaftlicher Name:
Carlina aucalis
Familie: Korbblütler
Aussehen: Bis 35 cm hohe, oft fast stengellose Pflanze. Blätter in Rosetten, fast bis zum Mittelnerv fiederschnittig mit stechend gezähnten Abschnitten. Offene, blühende Köpfe bis 10 cm breit. Blüten alle röhrig, silbrigweiß, später bräunlich; innere Hüllblätter auf der Innenseite silbrigweiß bis rosa, blütenblattartig, äußere dornig gefiedert.

Blütenboden mit an der Spitze zerschlitzten Spreublättern.
Blütezeit: VII–IX
Standort: Felshänge, trockene Rasen, lichte Bergwälder; bis über 2500 m, moist auf Kalk.
Verbreitung: Von Zentralfrankreich und Weißrußland südlich bis Zentralspanien und Nordgriechenland, auch im Flachland.

Wissenschaftlicher Name:
Veratrum album
Familie: Liliengewächse
Aussehen: Bis 1,5 m hohe Pflanze. Stengel unverzweigt, besonders im oberen Teil dichtbehaart. Blätter wechselständig, elliptisch, parallelnervig, sitzend, den Stengel mit einer langen, röhrenförmigen Scheide umgebend, oberseits kahl, unterseits flaumigfilzig behaart. Blütenstand eine 30 bis 60 cm lange, aus ährenartigen Trauben zusammengesetzte Rispe. Blüten kurzgestielt, 0,8–1,5 cm breit, mit 6 freien, gleichen, weißen bis grünlichen, länglichen bis elliptischen Blütenhüllblättern. 6 Staubblätter. Fruchtknoten oberständig mit 3 kurzen Griffeln. Frucht eine 10–15 mm lange Kapsel.
Blütezeit: VI–VIII
Standort: Feuchte Wiesen, Viehläger, Flachmoore der höheren Gebirge.
Verbreitung: Gebirge Europas und Nordasiens.
Wichtig: Die Pflanze ist giftig!

Wissenschaftlicher Name:
Paris quadrifolia
Familie: Liliengewächse
Aussehen: Bis 40 cm hohe,
kahle Pflanze. Stengel aufrecht, Blätter quirlständig zu
4 (5–6) an der Spitze des
Stengels, netznervig, bis
10 cm lang. Blüte endständig, auf einem 2–5 cm langen Stiel; Blütenblätter
grün, in 2 Quirlen zu je 4,
bis 35 mm lang, die äuße-
ren lanzettlich, bis 5 mm
breit, die inneren linealisch,
etwa 1 mm breit, 8 Staub-

blätter; Staubfäden über
die Staubbeutel hinaus in
eine Spitze verlängert.
Frucht eine schwarze, blau
bereifte, kugelige, bis 1 cm
dicke Beere.
Blütezeit: V–VI
Standort: Laubwälder, seltener Nadelwälder.
Verbreitung: Fast ganz
Europa; Asien.
Wichtig: Die Pflanze ist
giftig!

Wissenschaftlicher Name:
Arum maculatum
Familie: Aronstabgewächse
Aussehen: Bis 50 cm hohe
Pflanze. Blätter pfeilförmig,
10–20 cm lang, langge-
stielt; Blattnerven netzartig
verbunden. Blütenstand
(Kolben) 5–10 cm lang,
oben purpurviolett, von
einem 10–25 cm langen,
gelbgrünen, oft rot gefleckten Hochblatt (Spatha) um-
hüllt; obere Blüten männ-
lich, untere Blüten weiblich.
Der reife Fruchtstand
sprengt den unteren Teil
der Spatha; reife Früchte
leuchtend rot, etwa 5 mm
dick.
Blütezeit: IV–V
Standort: Laub- und Mischwälder; auf feuchten, kalkhaltigen, humusreichen
Böden.
Verbreitung: Große Gebiete
Europas.
Wichtig: Die Pflanze ist
giftig!

Wissenschaftlicher Name:
Typha latifolia
Familie: Rohrkolben-
gewächse
Aussehen: Bis 3 m hohe
Pflanze. Blätter 10–20 mm
breit, flach. Männliche und
weibliche Blüten sehr klein,
am Grund von langen Haa-
ren umgeben, in verschie-
denen, übereinanderste-
henden, gleichlangen, zylindrischen Kolben, die nicht
voneinander getrennt sind.
Blütezeit: VII–VIII
Standort: Stehende Gewässer mit schlammigem oder
sandigem Grund, bis 1,5 m
Wassertiefe.
Verbreitung: Große Gebiete
Europas; Asien, Nord-
amerika.
Ähnliche Arten: Schmal-
blättriger Rohrkolben
(T. angustifolia), Blätter
3–10 mm breit, unterseits
gewölbt, männliche und
weibliche Kolben getrennt.
Zwerg-Rohrkolben
(T. minima), Blätter nur
1–2 mm breit, weibliche
Kolben rundlich.

Wissenschaftlicher Name:
Neottia nidus-avis
Familie: Orchideen-
gewächse
Aussehen: Bis 40 cm hohe,
kahle, gelblich-bräunliche
Pflanze mit einfachem Stengel und kriechendem Rhi-
zom, dessen fleischige Sei-
tenwurzeln ein dichtes, nest-
ähnliches Geflecht bilden.
Blätter 4–6, lanzettlich, den
Stengel scheidenartig um-
fassend, hellbraun. Blütenstand 5–15 cm lang, viel-
blütig; Tragblätter schmallanzettlich, halb so lang wie
der Fruchtknoten; die
5 oberen Blütenhüllblätter
zusammenneigend, oval,
stumpf, 4–6 mm lang,
braun; Lippe 7–12 mm lang,
an der Spitze tief in 2 band-
artige Zipfel geteilt.
Blütezeit: V–VI
Standort: Buchen- und
Laubmischwälder; meist
auf Kalk.
Verbreitung: Fast ganze
Europa; Sibirien.

Wissenschaftlicher Name:
Asarum europaeum
Familie: Osterluzei-
gewächse
Aussehen: Bis 10 cm hohe
Pflanze. Stengel kriechend,
verzweigt, flaumig behaart,
mit bleichen Schuppenblättern besetzt. Laubblätter
jeweils zu 2 an den blühenden Stengeln, langgestielt,
rundlich herzförmig, ledrig,
dunkelgrün, oberseits glänzend, winterhart. Blüten einzeln endständig, kurzge-
stielt; Krone glockig, 3blätt-
rig, am Grund verwachsen,
1 bis 1,5 cm lang, außen
grünlich, innen rotbraun;
12 Staubblätter. Fruchtknoten unterständig, mit einem
kurzen, dicken Griffel und
einer 6strahligen Narbe.
Frucht eine kugelige Kapsel.
Blütezeit: IV−V
Standort: Laubmischwälder;
auf feuchten, kalkhaltigen
Böden.
Verbreitung: Weite Gebiete
Europas; Nordasien.

Große Brennessel

Wissenschaftlicher Name:
Urtica dioica
Familie: Brennessel-
gewächse
Aussehen: Bis 1,5 m hohe
ausdauernde Pflanze mit
Brennhaaren. Stengel 4kan-
tig, oft verzweigt. Blätter gegenständig, gestielt, eiförmig, am Grund herzförmig,
vorne lang zugespitzt, grobgezähnt, mit langem End-
zahn, meist über 5 cm lang,
2–3mal so lang wie breit.
Blütenstände rispenartig in
den Blattachseln, länger als
die Blattstiele. Männliche
und weibliche Blüten auf ge-
trennten Pflanzen, alle langgestielt. Blütenhüllblätter 4,
klein, grünlich.
Blütezeit: VII–X
Standort: Wegränder,
Schuttplätze, Flußufer.
Verbreitung: Weltweit in den
gemäßigten Zonen.
Ähnliche Art: Kleine Brenn-
nessel *(U. urens)*, Blätter
1–1,5mal so lang wie breit,
am Grund keilförmig ver-
schmälert, Blütenstände kürzer als Blattstiel.

Wissenschaftlicher Name:
Viscum album
Familie: Mistelgewächse
Aussehen: Kleiner, bis 1 m Durchmesser erreichender, mehrfach gabelästiger, immergrüner, auf Bäumen schmarotzender, zweihäusiger Strauch. Zweige grünbraun, jedes Gabelglied in eine kurze, meist blütentragende Spitze endend. Blätter gegenständig, derb, ledrig, gelbgrün, länglich verkehrteiförmig. Blütenstände 3 bis 5blütig, in der Gabel zwischen 2 Zweigen. Blüten unscheinbar, eingeschlechtig. Männliche Blüten mit 4teiliger, gelbgrüner Blütenhülle; 4 Staubblätter. Weibliche Blüten mit unterständigen Fruchtknoten. Frucht eine erbsengroße, weiße oder gelbliche, meist 1samige Beere.
Blütezeit: III–IV
Standort: Auf verschiedenen Bäumen schmarotzend.
Verbreitung: Fast ganze Europa; Asien, Nordafrika.

Bergwiesen-Frauenmantel

Wissenschaftlicher Name:
Alchemilla monticola
Familie: Rosengewächse
Familie: Bis 30 cm hohe,
überall abstehend-behaarte
Pflanze. Grundständige
Blätter langgestielt, Spreite
rundlich, 3–10 cm im Durchmesser, 7- bis 9teilig mit fast
halbkreisförmigen, gleichmäßig gezähnten Abschnit-
ten; Stengelblätter kleiner,
kurzgestielt. Blüten in einer
lockeren bis dichten Rispe,
klein mit 4 abstehenden,
grünen Kelchblättern.

Blütezeit: V–IX
Standort: Magere Wiesen
und Weiden.
Verbreitung: Europa;
Sibirien.
Hinweis: Die Gattung
Frauenmantel *(Alchemilla)*
ist in Europa mit mehr als
100 Arten vertreten. Die Arten unterscheiden sich vorwiegend durch unterschied-
liche Behaarung und unter-
schiedliche Form der Blätter, Blattlappen und Blüten.

Stinkende Nieswurz

Wissenschaftlicher Name:
Helleborus foetidus
Familie: Hahnenfuß-
gewächse
Aussehen: Bis 50 cm hohe,
kahle Pflanze. Stengel dick,
verzweigt, mit mehreren Blüten. Blätter handförmig 3-
bis 9teilig, die unteren gestielt, bis 30 cm breit, überwinternd, die oberen kleiner,
Abschnitte lanzettlich, gezähnt, oberste Stengelblätter eiförmig, ganzrandig.
Blüten in einer Rispe, mit 5
glockig zusammenneigen-
den rundlichen, grünen,
vorne oft rotrandigen Blütenblättern, 1–2 cm breit.
Früchtchen 3–5 mehrsa-
mige, bis 2 cm lange Bälge.
Blütezeit: III–IV
Standort: Trockene Hänge,
Gebüsche.
Verbreitung: Süd-, West-
und Mitteleuropa.
Ähnliche Art: Grüne Nies-
wurz *(H. viridis)*, oberste
Stengelblätter geteilt oder
gezähnt, Stengel wenig-
blütig, Blütenblätter ausgebreitet.

Wald-Bingelkraut

Wissenschaftlicher Name:
Mercurialis perennis
Familie: Wolfsmilch-
gewächse
Aussehen: Bis 40 cm hohe
Pflanze mit unverzweigtem
Stengel. Blätter gegenständig, im oberen Teil des Stengels gedrängt, gestielt, lanzettlich, 4–12 cm lang,
stumpf gezähnt. Blüten
zweihäusig verteilt. Männliche Pflanzen mit reichblütigen, ährenartigen Blüten-
ständen; Blüten klein, grün,
mit 3teiligem Kelch, ohne
Krone, mit 8–20 Staubblättern. Weibliche Pflanzen mit
wenigblütigen Blüten-
knäueln, deren Blüten mit
einem 2teiligen Fruchtknoten.
Frucht langgestielt, 2fächrig
mit 2 einsamigen Teil-
früchten.
Blütezeit: IV–V
Standort: Schattige Buchen-
und Laubmischwälder; meist
auf kalkhaltigen Böden.
Verbreitung: Europa; Südwestasien.

Tannenwedel

Wissenschaftlicher Name:
Hippuris vulgaris
Familie: Tannenwedel-
gewächse
Aussehen: Pflanze mit bis zu
2 m langen, niederliegen-
den oder im Wasser fluten-
den, nicht verzweigten, nur
am Ende aufrechten Sten-
geln und weit kriechendem
Wurzelstock. Blätter zu 4 bis
20 quirlständig, bis 3 mm
breit, unter Wasser bis 8 cm
lang, schlaff, über Wasser
bis 3 cm lang, steif abstehend. Blüten klein, blattach-
selständig, ohne Kronblätter, mit winzigem Kelch-
saum, eigentlich nur aus
1 Staubblatt bestehend,
das auf dem Fruchtknoten
sitzt.
Blütezeit: V–VIII
Standort: Nährstoffreiche,
vorwiegend kalkhaltige,
stehende bis langsam fließende Gewässer;
20–50 cm, selten bis 2 m
Wassertiefe.
Verbreitung: Weltweit.

Wissenschaftlicher Name:
Astrantia major
Familie: Doldengewächse
Aussehen: Bis 1 m hohe, kräftige, kahle Pflanze. Stengel aufrecht, wenig beblättert, meist nur an der Spitze etwas verzweigt. Grundblätter langgestielt, meist tief 5–7teilig; Abschnitte oft etwas gelappt, am Rand gezähnt, am Grund keilförmig verschmälert, Mittelabschnitte fast völlig frei, nach unten verschmälert. Blüten unscheinbar, in einfachen Dolden; zahlreiche große, 1,5–2,5 cm lange Hüllblätter, weißlich bis rötlich, bis doppelt so lang wie Doldenstrahlen und Früchte. Kronblätter meist rötlich.
Blütezeit: VI–IX
Standort: Streuwiesen, Fettwiesen, auch Gebüsche, Waldränder; besonders in Berglagen auf Kalk.
Verbreitung: Von Nordspanien bis Weißrußland; stellenweise selten oder fehlend, so in Norddeutschland.

Wissenschaftlicher Name:
Atropa belladonna
Familie: Nachtschatten-
gewächse
Aussehen: Bis 1,5 m hohe,
sparrig verzweigte Pflanze
mit drüsenhaarigem Sten-
gel. Blätter breitlanzettlich,
gestielt, bis 15 cm lang,
ganzrandig. Blüten einzeln
auf einem nach unten ge-
bogenen Stiel; Kelch 5teilig,
ausgebreitet; Krone glok-
kenförmig, mit kurzem, 5tei-
igem, zurückgebogenem
Rand, 2,5–3,5 cm lang,

außen braunviolett, innen
gelbgrün mit roten Adern.
Frucht eine kugelige, 1 bis
1,5 cm breite, glänzend-
schwarze Beere.
Blütezeit: VI–VIII
Standort: Schlagfluren,
Waldlichtungen.
Verbreitung: Europa, mit
Ausnahme des Nordens;
Asien, Nordafrika.
Wichtig: Die Pflanze ist
giftig!

Spitz-Wegerich

Wissenschaftlicher Name:
Plantago lanceolata
Familie: Wegerich-
gewächse
Aussehen: Bis 40 cm hohe,
kahle oder schwach-
behaarte Pflanze. Blätter
alle grundständig, in Rosetten, schmallanzettlich, aufrecht, mit 3–7 kräftigen
Längsnerven. Blüten sehr
klein, in zunächst kegeligen,
bis 3 cm langen, später wal-
zenförmigen, bis 6 cm langen, langgestielten Ähren,
Stiel der Blütenähren aufrecht, länger als die Blätter,
Tragblätter spitz, länger als
der Kelch; Kelch und Krone
vierteilig; Staubblätter lang
herausragend. Frucht eine
3–3,5 mm lange, zwei-
samige Kapsel.
Blütezeit: IV–IX
Standort: Mähwiesen und
Weiden, Äcker, auch Weg-
ränder, Schuttplätze.
Verbreitung: Ganz Europa
mit Ausnahme des äußer-
sten Nordens; in vielen Län-
dern eingeschleppt, heute
fast weltweit verbreitet.

Gemeiner Beifuß

Wissenschaftlicher Name:
Artemisia vulgaris
Familie: Korbblütler
Aussehen: Bis 1,3 m hohe
Pflanze. Stengel aufrecht,
kantig, schwachbehaart,
meist reichverzweigt. Blätter
deutlich zweifarbig, oberseits dunkelgrün, meist kahl,
unterseits weiß- bis graufilzig
behaart, die unteren gestielt,
bis 10 cm lang, 1- bis 2fach
fiederteilig, mit lanzettlichen,
spitzen, ganzrandigen oder
wenigzähnigen, 3–6 mm
breiten Abschnitten. Blütenköpfchen in einer vielköpfi-
gen, reichverzweigten, von
lanzettlichen Hochblättern
durchblätterten Rispe, eiförmig, 3–4 mm lang und
2–3 mm breit. Hüllblätter in
2 Reihen, die äußeren kurz,
lanzettlich, spitz, die inneren
länglich, stumpf, breit haut-
randig. Blüten gelblich oder
rotbraun
Blütezeit: VII–IX
Standort: Flußufer, Wegränder, Schuttplätze.
Verbreitung: Fast weltweit
verschleppt.

Wissenschaftlicher Name:
Petasites hybridus
Familie: Korbblütler
Aussehen: Zur Blütezeit bis 40 cm, zur Fruchtzeit bis 1 m hohe Pflanze mit langen Ausläufern. Grundblätter gestielt, sehr groß, bis 60 cm breit, herzförmig, am Grund eingebuchtet, flach buchtig gezähnt, unterseits grauwollig, erst nach der Blütezeit erscheinend. Am Stengel nur lanzettliche, schuppenartige Blätter. Blütenköpfchen in einer dichten Traube, zweihäusig verteilt; die der weiblichen Pflanze mit einer 5 mm breiten, die der männlichen Pflanze mit einer 1 cm breiten Hülle; Blüten alle röhrenförmig, mit rötlicher Krone. Früchte mit weißem, bis 1 cm langem Pappus.
Blütezeit: III–V
Standort: Bach- und Flußufer, Erlengebüsch, feuchte Schuttplätze; auf nährstoffreichen Böden.
Verbreitung: Fast ganz Europa; Nord- und Westasien.

Kohl-Kratzdistel

Wissenschaftlicher Name:
Cirsium oleraceum
Familie: Korbblütler
Aussehen: Bis 1,5 m hohe, verzweigte Pflanze. Stengel autrecht, gefurcht, innen hohl, zerstreutbehaart bis kahl. Blätter weich, kaum stechend, eiförmig bis elliptisch, ungeteilt oder tieffiederteilig, mit lanzettlichen, gezähnten Abschnitten, kahl oder kurzbehaart, die unteren gestielt, die oberen mit herzförmigem Grund stengelumfassend. Blütenköpfchen am Ende der Stengel gedrängt, 2,5–4 cm lang, von bleichgrünen Blättern eingehüllt. Hülle 1,5–2 cm lang; Hüllschuppen bräunlich, lang zugespitzt, zuweilen schwach behaart. Blüten alle röhrenförmig, mit 1,5 bis 2,5 cm langer, hellgelber Krone. Früchte 4 mm lang, hellgrau, schwachkantig.
Blütezeit: VI–VIII
Standort: Feuchte Wiesen, Moore, Ufer, Auwälder.
Verbreitung: Fast ganze Europa; Sibirien.

Blumen-Register

A

Blumen-Register

Blumen-Register

Blumen-Register

Redaktionsleitung: Hans Scherz
Redaktion und Herstellung: Ursula Kopp
Bildredaktion: Angelika Rieckenberg, Ursula Kopp
Produktion: Helmut Giersberg
Einbandgestaltung: Heinz Kraxenberger
Satz: Filmsatz Schröter GmbH
Printed in Italy

ISBN 3-7742-3852-9

Die Fotografen:
Bellmann: 136, 195; Bender: 96; Cuveland: 191; Danesch: 16, 77, 79, 94, 95 re, 97, 129, 214 re, 218 re, 227 re; Diedrich: 104, 123, 180, 230 li, 230 re; Eichinger: 142; Eigstler: 10, 82, 111, 114, 175; Esser: 160; Finkenzeller: 66, 127; Garnweidner: 7, 13, 14, 36, 59, 64, 67 re, 71, 76, 95 li, 98, 135, 167 li, 204, 214 li; Greiner & Meier: 106, 134, 138, 165, 228; Helo: 122; Höhne: 210; Kohlhaupt: 8, 27, 92, 172, 197; König: 45; Krebs: 112, 201; Lauber: 226; Layer: 200; P. Lippert: 26; W. Lippert: 31, 124, 192; Lippoldmüller: 55, 117; Marktanner: 110; Moosrainer: 139; Pforr: 39, 120, 128, 187; Pott: 11, 43, 109, 171, 218 li, 231; Reinhard: 1, 4/5, 9, 17, 19, 24, 32, 33, 34/35, 37, 38, 40, 41, 42, 58, 61, 67 li, 69, 78, 83, 86/87, 89, 90, 99, 105, 108, 118, 126, 131, 132, 140, 141, 143, 148, 149, 152/153, 157, 162, 163, 169, 174, 177, 178, 179, 184, 185, 190, 206, 208, 211, 215, 216, 219, 220 li, 223, 224, 229 li, 229 re, U2, U4; Reisigl: 103; Reuter: 75; Rosmarion: 46, 150, 166, 189; Ruckstuhl: 130; Sammer: 44; Scherz: 18, 29, 30 re, 60, 62, 68 re, 68 li, 81, 88 li, 88 re, 100, 119, 125, 183, 207, 212/213, 217 li, 227 li, U1; Schimmitat/Angerer: 12, 20, 47, 48, 49, 50, 53, 57, 72, 101, 116, 145, 146, 154, 161, 168, 173, 176, 182, 186, 198, 199, 202, 217 re, 220 re, 222; Schmelzenbach: 28, 63, 121, 144; Schrempp: 6, 15, 25, 30 li, 85, 93, 107, 115, 133, 147, 158, 159, 181, 193, 196, 203, 209, 221; Silvestris: 156; Singer: 22; Wagner: 91; Wothe: 21, 23, 51, 52, 54, 56, 70, 73, 74, 80, 102, 113, 137, 151, 155, 164, 170, 188, 194, 205, 225; Zettl: 65, 84.